Franz Xavier Herzer

Gesammelte Nachrichten und Selbsterfahrungen von Industrie-, Arbeits- und Ökonomie-Schulen

samt einer Anleitung wie aus deutschen Natur-Produkten neue Gewerbe, Fabriken und Manufakturen, zu errichten und besonders durch Kinder, krüppehafte und schwächliche alte Personen zu betreiben sind

Franz Xavier Herzer

Gesammelte Nachrichten und Selbsterfahrungen von Industrie-, Arbeits- und Ökonomie-Schulen
samt einer Anleitung wie aus deutschen Natur-Produkten neue Gewerbe, Fabriken und Manufakturen, zu errichten und besonders durch Kinder, krüppehafte und schwächliche alte Personen zu betreiben sind

ISBN/EAN: 9783742897190

Hergestellt in Europa, USA, Kanada, Australien, Japan

Cover: Foto ©Suzi / pixelio.de

Manufactured and distributed by brebook publishing software (www.brebook.com)

Franz Xavier Herzer

Gesammelte Nachrichten und Selbsterfahrungen von Industrie-, Arbeits- und Ökonomie-Schulen

Gesammelte
Nachrichten
und
Selbsterfahrungen
von

Industrie- Arbeits- und Oekonomie-Schulen,

samt einer

Anleitung

wie, aus allerley teutschen Natur-Produkten, neue Gewerbe, Fabriken und Manufakturen, zu errichten, und besonders durch Kinder, krüppelhafte und schwächliche alte Personen zu betreiben sind.

In Hinsicht auf die sämmtlichen Kreise Teutschlands

von

Prof. Herzer,

Churfürstl. privil. Wollnegotianten in Pfalzbaiern zu München, der Leipziger ökonom., der naturforschenden physikalischen in Zürich, und Regensburgisch botanischen, Gesellschaft Mitglied.

Regensburg, gedruckt bey Conrad Neubauer, und verlegt von dem Verfasser.
1793.

Ich glaube, man könne ruhig und froh leben in jedem Stande, die Regierungs-Form möge auch seyn, welche sie wolle; wenn nur eine weise Gesetzgebung sichert; und behaupte, wir haben in Teutschland keine Revolution, weder zu befürchten, noch zu wünschen Ursache, wenn nur die verschiedenen Regierungen, statt die Aufklärungen zu hindern, mit ihr Hand in Hand fortrücken und die Mittel, Ordnung zu erhalten, mit der Stimmung des Zeitalters in ein richtiges Verhältniß setzen.

A Fr. K. — —

Dem

Durchlauchtigsten Fürsten und
Herrn Herrn,

Carl Anselm,

des H. Röm. Reichs Fürsten von
Thurn und Taxis,

Ihrer Römischen Kaiserlichen Majestät Höchst-ansehnlichen Principal-Commissarius, gefürsteten Grafen zu Friedberg-Scheer, Grafen zu Valsassina, Freyherrn zu Imbden, Herrn der freyen Reichs-Herrschaft Eglingen und Osterhofen, auch der freyen Herrschaften Demmingen, Mark-Tischingen, Trugenhofen, Balmertshofen und Duttenstein, dann der Herrschaften zum Bußen, Wolferthem, Roßum, und Meuseghem ꝛc. ꝛc. der souverainen Provinz Hennegau Erb-Marschalln, Rittern des goldnen Vließes, Ihrer Röm. Kaiserl. Königl. Apostolischen Majestät wirklichen geheimen Rath, wie auch Erb-General- und Obrist-Postmeister im Heil. Röm. Reiche, Burgund, und den Niederlanden ꝛc. ꝛc.

Meinem gnädigsten Fürsten und Herrn.

Durchlauchtigster Fürst,
Gnädigster Fürst und Herr!

Eurer Hochfürstl. Durchlaucht bekannte viele Proben von Leutseeligkeit, Großmuth, Mildthätigkeit und Sorge für das allseitige Wohl Ihrer Unterthanen sowohl, als für das allgemeine Beßte, zogen schon lange meine Bewunderung auf sich.

Möchte ich so glücklich seyn, durch meine neuerfundene Bearbeitung teutscher

teutscher Produkte auch Ihrem Lande einigermassen nützlich zu werden, wie ich wünsche dadurch zum Wachsthum der Industrie im ganzen teutschen Reiche etwas beyzutragen!

Auf höchst Dero fürstliche Huld und Nachsicht wage ich, in tiefster Ehrfurcht die Bitte, meine Industriestrie-Werke einiger Aufmerksamkeit zu würdigen.

Eurer Hochfürstl. Durchlaucht gnädigste Aufnahme meiner, wenigstens gutgemeinten Blätter wird auch die beßte Empfehlung derselben, und für andere Gegenden, denen ich durch meine schwache Bemühungen nützlich zu werden wünschte, ein befolgungswürdiger Wink seyn.

Ich

Ich erharre in tiefster Ehrfurcht, die ich mit so vielen Verehrern des besten Fürsten gemein habe,

Eurer Hochfürstl. Durchlaucht

unterthänigster Diener

der Verfasser.

Vorrede.

Bevölkerung und Industrie sind seit einiger Zeit Gegenstände, von denen viel geredet und gesprochen wird; und in der That sind es auch Gegenstände, die unsers steten Nachdenkens, und allseitiger Aufmerksamkeit werth sind. Vorzüglich sind sie es zu unsern Zeiten für den Bauer und Bürger. Der Bauer hat oft wirklich Mangel an thätigen mitarbeitenden Häuden, da alles von ihm weg und in die Stadt lauft, um da bequemer und besser zu leben. Und der Bürger muß leider bey nöthigster Arbeit

beit emsige, genügsame Gehülfen entbehren; weil selbst die weniger Fleißigen dieses Standes so viel fodern, daß es der Bürger bey seinen übrigen Abgaben kaum mehr bestreiten kann. Daß aber Industrie nicht bloß ein Gegenstand des Nachdenkens bleiben müsse, sondern auch daß wirklich etwas für sie geschehen könnte, beweist schon manches Land, manche Gegend, die es in der Aufnahme derselben schon so weit gebracht haben, daß sie andern zum Muster dienen können, und billig Nacheiferung und thätige Nachahmung erregen sollen.

Wenn man bedenkt, daß der Bauer- und Bürgerstand die Hauptstützen des Staates sind, an deren Wohlstand ihm alles gelegen seyn muß, so sollte man gar nicht zweifeln, daß nicht schon überall die zweckmäßigsten Vorkehrungen

rungen und Anstalten getroffen worden wären, dem Landmann und Bürger thätige Mitgehülfen heranzuziehen. Man fieng zwar hie und da an, sich nach solchen Industrie-Musterschulen zu richten, welche man anderswo erbauet hatte; aber es ist ewig schade, daß ihr Ende so nahe ihrem Entstehen wär, und daß so wünschenswerthe Plane nicht ausgeführt wurden. Es kostet dem Menschenfreunde manchen Kummer, daß oft die thätigsten beßten Menschen in ihren nützlichen Unternehmungen gehemmt werden. Vielleicht bin ich so glücklich, wieder einige dazu aufzumuntern, wenn ich ihnen inländische wohlfeile, häufige, Naturproducte angebe, mit welchen solche Anstalten für diese beeden Stände leicht errichtet, und in Gang gebracht werden können; wenn ich zeige, wie wenig, wenn einem nur ernst ist, dazu zu gehört, etwas Aehnliches herzustellen, und wenn ich gleichzeitige Beyspiele sammle, durch die man sich hinlänglich überzeugen kann, welchen Fortgang, Bestand, und sichtbaren Nutzen schon einige solcher Industrie-Anstalten hie und da haben, welche bey ihrem Entstehen sehr klein und unbedeutend schienen, und vielen gewöhnlichen Widersprüchen und Hindernissen unterworfen waren, die jeder neuen ungewöhnlichen Sache entgegen stehen; aber leicht entkräftet, wiederlegt, und auf die Seite geräumt werden können. Salzmann hat recht, da er aus eigener Erfahrung sagt: der Mensch kann alles, wenn er nur will. Ich fand diesen Satz in meinen Unternehmungen, ohngeachtet aller möglichen Hindernisse, in meinem Vaterlande so bestättiget, wie meine kurze Geschichte Seite 93. beweisen wird,

daß

daß ich einen unwiderstehlichen Drang in mir deßwegen fühle, meine eigenen Erfahrungen und Beobachtungen darüber Teutschland gemeinnützig mitzutheilen; vorzüglich wenn ich noch dabey bedenke, daß man bloß fremde, meist theure Produkte, zu wählen für nöthig hält, und die unsrigen kaum einer Aufmerksamkeit würdiger. Dies kann nur aus Mangel an Nachdenken über unsere häufigen wohlfeilen, mannichfaltigen Landesproducte herrühren, welche zur Errichtung solcher Industrie-Anstalten vieles beytragen, und sie erleichtern könnten.

Es thut mir in der Seele weh, wenn ich so manchen Industrie-Zweig im Innlande vernachläßiget sehe, aus dem ein reicher Nahrungszweig unfehlbar entstehen müßte; besonders bers, wenn mancher guten Sache auch noch damit aufgeholfen werden könnte.

Andere wohl eingerichtete Länder betrachten ihre Landesproducte als ihre Hauptstütze, und wetteifern miteinander, durch immer mehr verbesserte Bearbeitung um so viele ihrer Einwohner nähren zu können, als ihnen nur immer möglich ist, behalten dadurch ihr Geld im Lande, bringen es in nützlichen Umlauf, und geniessen weislich sie so von ihren Producten den bestmöglichsten Nutzen.

Unser teutsches Vaterland hat einen Reichthum an Natur-Produkten, daß wir uns lange damit beschäftigen dürfen, bis wir diese gesegneten Quellen auszuschöpfen im Stande sind.

Prof.

Prof. Borowski zu Frankfurt an der Oder hat allein eine ganze Sammlung von 100 Sorten ein- und ausländischen Getraidearten, Futtergewächsen, Fabrik- Gewürz- Färbe- und Oelpflanzen dem Publikum zu verschaffen sich anheischig gemacht. Er liefert die Saamen davon gegen Pränumeration von zwey Stück Friedrichsd'or bis Nürnberg. Pastor Schäffer in Regensburg lieferte mehr als 81 Papierversuche aus sonst meistens unbenützten teutschen Landes-Produkten, welche bey jetzigem Mangel an Lumpen, und großem Papier- und Papendeckel Verbrauch mehr nachgeahmt zu werden verdienten. Prof. Succov in Heidelberg macht in seinen ökonomisch botanischen Abhandlungen viel merkwürdiges von Fabriken und Manufakturgewächsen bekannt. Eben so liefern Komissionsrath Riem in Dresden, und Krünitz in

ihren

ihren Encyclopädien sehr viel interessantes, woraus teutsche Industrie = Anstalten die größten Vortheile ziehen könnten.

Durch die Beispiele dieser patriotischen Männer aufgemuntert, habe ich mich besonders für die teutschen Kreise entschlossen, das Meinige zu diesen guten Absichten, obschon jetzt noch ziemlich unvollständig, doch bald beyzutragen.

Ich will den Begrif von Industrie = Schulen und ihre Beschaffenheit durch Anführung einiger hie und da schon bestehenden solchen Anstalten schildern, damit diese durch ihre handgreiflichen Vortheile sich selbst empfehlen. Wer diese Beschreibungen nur liest, dem wird es einleuchten, daß sie ein herrliches Mittel mehr sind, die Jugend zu brauchbaren, emsigen Staatsbürgern zu bilden

den. Wer sollte daraus nicht sehen, daß aus diesen der Reichthum und die Glückseeligkeit des Staats komme, wie schon 1770 der große Gelehrte, Freyherr von Ifstadt, in seiner akademischen Abhandlung zu München: von dem Einfluß des Nationalfleißes und der Arbeitsamkeit der Unterthanen, gründlich auf beyde bewiesen hat.

Laßt eure Unterthanen, ihr Regenten! arm werden, und in Dürftigkeit versinken, so erbauet ihr der Widerspenstigkeit einen Thron. Beschäftiget ihr eure Einwohner nicht, so werden sie bald auf Ausschweifungen verfallen; und sind dann eure Thronen wohl gegründet, wenn sie auf den Schultern eines ausschweifenden ausgemergelten Volkes stehen?

Beherziget dieß, und ihr werdet daraus erkennen, daß das Bestehen eurer Länder sich jetzt mehr als jemals auf solche Industrie-Anstalten gründe.

Mit diesen Industrie-Anstalten werde ich meine Erfahrungen und Beobachtungen verbinden, und vorzüglich mein Augenmerk auf teutsche Produkte richten, welche man benutzen, und deren Bearbeitung man vervollkommnen soll. Einige dieser Produkte sind noch zu unbekannt und dem Volke nicht gemeinnützig gemacht, wie z. B. alle teutschen, Woll, Seide und Hanf tragende Baum-Stauden-und Pflanzen-Gewächse. So sind es auch verschiedene andere Pflanzen, welche Oel und Farben liefern, die wir mit großen Kosten vom Auslande kommen lassen.

Ueber diese beyden Gegenstände will ich Anleitung geben, wie man sie leicht gewinnen, zubereiten und verbrauchen könne. Es wird freilich schwer halten, wie alles Neue, bis man es dahin bringt, daß an den alten Schlendrian gewöhnte Menschen sie bearbeiten, und bis Vorurtheile dagegen auf die Seite geräumet werden; ja es wird sogar widrige Eindrücke auf ähnliche Seelen machen, wenn sie auch den Nutzen davon schon gleich einsehen sollten. Allein Zeit und Beyspiele besiegen allmählig den Eckel dagegen. Was man sonst verschmäht, nach dem greift man, wenn von mehreren Menschen einmal sein Werth längere Zeit anerkannt ist.

Wie froh waren schon 1788 und folgende Jahre viele in den Vorstädten Münchens, wenn die Zeit zur Sammlung der Pappel- und Weiden-

XX

den, Wolle ꝛc. dgl. herbeikam, wie sollten sie nicht selbst den Preis herunter! Wie hart wagen sie im Vergleich mit itziger Zeit in dem Jahre von 1785 an bis 88 zur Sammlung, auch mit der besten Taglöhnung zu bereden, bloß weil erwachsene Menschen diese Art Arbeit nicht gewohnt waren, und Kinder mehr durch das Betteln erhalten zu können vorgaben, da doch manche Knaben sich täglich über 30 Kr., viele Soldaten aber 45 Kr. des Tags, dadurch sich verdienet, wie ich S. 120 u. s. w. angeführt habe. So reitzet das Neue, wenn man Vortheil dabey sieht, nach und nach.

Und nur dann erst, wenn einmal solche Entdeckungen gehörig benützet sind, und man dem Fleiße der Landes-Einwohner dergleichen neue

Be-

Beschäftigungen angewiesen hat, sind Zeit und Menschen ersparende Maschinen einführbar, und die Zerstörung dieser ist demnach nicht so leicht mehr von denen zu befürchten, welche dadurch broblos geworden, da sie durch solche neue Produkte einen leichteren, und größeren Verdienst sich oft erwerben können, und sich, durch den Gewinn gereitzt, gerne daran gewöhnen. Wenn man so zu Werke gehet, so reitzen solche Vortheile bey dergleichen neuen Nahrungs-Quellen zum Nachdenken, Verbesserung und Vervollkommung schon bekannter, aber noch nicht genug benutzter Produkte.

Dergleichen Menschen, wenn sie einmal so von ihrem mechanischen Gewohnheits-Schlafe erwecket werden, beharren nicht mehr auf dem alten Herkommen, sondern sind für jede gute neue

neue Sache, welche von der rechten Seite mit gehöriger Art ihnen faßlich vorgestellt wird, empfänglicher, willfähriger und lenkbarer dadurch gemacht. Denn so giebt es noch eine Menge Landes-Produkte, wie z. B. Flachs, Hanf, Schaaf-Wolle und Garn, welche in unserm teutschen Vaterlande zwar schon häufig verarbeitet werden, aber in einigen andern Ländern durch besondere Geschicklichkeit und Fleiß zu einer gewißen Vollkommenheit sind gebracht worden, die bey uns noch an vielen Orten fehlet, und doch allerdings Nacheiferung und Nachahmung verdient z. B. die Seiden-Pflanze in der Schweiz, in Frankreich, die Hopfen-Ranken in Schweden u. dgl. Es sind auch noch unzählig viele in den Abhandlungen gelehrter Gesellschaften und einzelner Männer, welche noch gar nicht gekannt sind und benützet werden, weil sie im Volkstone nicht

nicht bekannt gemacht, und durch praktische Darstellung ihrer nützlichen allgemeinen Brauchbarkeit noch nicht gemeinnützig verbreitet wurden, wie es nöthig wäre, um Köpfe darauf aufmerksam zu machen, die weniger Zeit, Nachdenken, Geduld und Forschungsgeist haben, und sie zu Unternehmungen durch eigne Versuche und Erfahrungen zu reitzen, wo die Natur und gelegenheitliche Umstände ihnen oft selbst die Hand biethen, und sich mancher dadurch in günstigere Lage versetzen könnte, welches besonders der Fall für fleißige Schullehrer seyn würde und sollte, wie ich gezeigt habe, und in den folgenden Stücken noch ausführlicher zeigen werde.

Diese Pflanzen, welche ich sowohl aus eigenen Erfahrungen, als auch aus Entdeckungen anderer Män-

Männer anführen werde, gedenke ich künftig illuminirt zu liefern, damit sie desto leichter auch von sonst in der Kräuterkunde Unwissenden aufgefunden werden können.

Ich bin zugleich gesinnt, jedem folgenden Theile wenigstens die Zeichnung einer Maschine beyzufügen, damit sowohl die Reinigung, als auch die Zubereitung und Vervollkommnung der Landes-Produkte erleichtert werde.

In jedem Theile soll auch ein zwekmäßiges, passendes Lied, welches während den Arbeiten zur Erbauung, Belehrung und Ermunterung gesungen werden kann, mit einer passenden Arie folger, so wie uns Prof. Feder in seinen Schul- und Industrie-Magazin für die katholischen Schulen

Schulen Teutschlands erbauliche Muster gelie‍fert hat. Fähigere Köpfe mögen dann diese meine hier angebrachten Vorschläge und Winke besser nach ihren Lokal-Umständen ausführen. Mehrere Hände können in verschiedenen Situa‍tionen durch Selbstversuche, durch Noth und Ohngefähr (diesen beeden Müttern der Erfindun‍gen) meine angeführten Erfahrungen, Wünsche und Thatsachen anderer zu jener Stufe der Voll‍kommenheit bringen, der sie fähig sind.

Mich wird es herzlich erfreuen, wenn ich nur andern sonst thätigen Menschen den Kreis ihrer Geschäftigkeit anweisen kann, in wel‍chem sie wirken sollen. Wenn mein Buch manchen Beamten aus seinem Schlummer wecket, manchen Ortsvorsteher geneigter zur Unterstützung seines Beamten in diesem Fache macht

macht, manchen Welt- und Kloster-Geistlichen ermuntert die gute Sache durch seinen Rath, durch seine Empfehlung oder gar durch das Beispiel seiner Oekonomie aufzuhelfen; so will ich mich der Stunde freuen, wo ich den Entschluß faßte, dieses Buch mit allen seinen Mängeln in die Hand des Publikums zu geben.

Prüfet alles! das Beste behaltet. Wohl dem, der uns bessere, reinere und zweckmäßigere Mittel an die Hand giebt! Willkommen soll mir, und ganz Teutschland seine Belehrung seyn.

Der Verfasser.

Innhalt

Eingang über Arbeitsschulen.   Seite
    Ihre Verschiedenheit.
1. Einrichtung der Arbeitsschule in Göttingen aus dem 47. Stück der teutschen Zeitung vom Jahr 1789. vom Herrn Rath Becker zu Gotha beschrieben.   4
2. Arbeitsschule zu Rastorf und vom Herrn Prof. Setroch in Göttingen   10
3. Oekonomische Schulen im Badischen in der Special Superintendentur (Special-Dechantei) Köndringen nach der vom Hrn. Special Superintendent Sander in dem 36. Heft der Schlözerischen Staatsanzeigen. S. 426. davon eingerückten Nachricht.   11
4. Arbeitsschule zu Varenholz in der gefürsteten Graffschaft Lippe Detmold vom Hrn. Prediger M. C. Pothmann   14
5. Arbeits- oder sogenannte Industrialschulen in Böhmen vom Herrn Probst Ferdinand Kindermann von Schulstein schon 1786 eingeführt.   14
6. Zwölf Arbeitsschulen der nestrebschen patriotischen Gesellschaft in Dännemark.   15
7. Das von dem itzt regierenden Herzog Karl zu Wirtenberg in Ludwigsburg angelegte und gestiftete Soldaten-Waisenhaus.   16
                       8. Was

		Seite
8.	Was wäre bey Errichtung solcher Anstalten wohl in Betracht zu ziehen? 18 — 20.	21.
9.	Was in den Städten und grossen Marktflecken?	18
10.	Was auf den Dörfern?	19
11.	Das sittlich Gute dieser Schulen.	22
12.	Ob die beständige Abwechslung zwischen den Arbeiten und Lernen wirklich so leicht angehe?	24
13.	Ueber die Auftreibung der Unkosten zur Anlegung einer Industrie-oder Arbeitsschule.	26
14.	Wie kann der Aufseher und seine Frau sich selbst eine Besoldungszulage durch solche Anstalten verdienen? 29. 164 und	166

Im Hochstifte Wirzburg.

15.	Einrichtung und Fortgang der Industrie-Schulen.	
	Albertshausen einem Filialorte von Oberthulba.	31
16.	Dem Amtssitze Aschach	31
	und Grossenbrach	32
	Mit Vortheil hier eingeführte doppelte Spinnräder.	33 u. 39
17.	Zu Bocklet	33
18.	Zu Burkardroth Wollbach und Zahlbach vom Herrn Beamten, und Cooperator Meinzinger angelegte Industriegärten.	34
19.	Zu Frauenroth	34
20.	Gefäll.	35
21.	Hart.	35
22.	Hassenbach.	36
23.	Katzenbach.	36
24.	Langenleiten.	37
25.	Lauter.	38

26. Pop-

		Seite
26.	Poppenroth	38
27.	Premich.	39
28.	Riethenberg.	40
29.	Sandberg.	41
30.	Schlimmhor.	42
31.	Schmalwasser.	43
32.	Schulunterricht im Schwarzbergischen vom höchstseeligen Fürsten Johann Schwarzenberg.	44
33.	Schul- und Industrieanstalten, von Freihrn. Ferdinand von Sickingen, in dem ihm eigenen Dorfe Stadelhofen.	48
34.	Ueber die Entstehung, den Fortgang und den gegenwärtigen Bestand der Industrie-Schulen im Hochstifte Wirzburg überhaupt.	52
35.	I. Ueber ihre Entstehung.	55
	a. Erste durch Hr. Pfarrer zu Prölsdorf, Herrn Fritz, und durch Hrn. Kaplan Kolb, Pfarrer zu Diepach errichtete Arbeitsschulen zu Limpach und Ebern.	
36.	Was II. die Mittel betrifft, wodurch man die besagte Industrieschulen zu verbreiten suchte.	59
37.	III. Der wirkliche Bestand der Industrieschulen.	63
	a. wirkliche Industriegärten in Kinzingen, zu Stadt Vollbach, Iphofen, Prölsdorf und dergl.	67 u. 69
38.	Im Amte Hilters ist jedes Haus schon eine Industrieschule.	68
39.	Von dem itzt schon sichtbaren Nutzen der Industrie-Anstalten.	71
40.	Einige Bemerkungen von der obern Pfalz und Baiern, welche den Handel der ansäßigen Bürger kränken, ihr Eigenthum	

unsicher

XXX

		Seite
	unsicher machen, und ihre Kinder und Gesinde oft verderben können.	77
41.	Kurzer Zuruf an Beherrscher, sammt zwo passenden Geschichten.	82 83
42.	Brief eines bairischen Edelmanns über die Nothwendigkeit der Abschaffung des Bettels, besonders in Hofmärken.	88
43.	Meine Vorsätze zu Industrie-Anstalten für Teutschland, vorzüglich für Baiern, Pfalz und Schwaben.	93
44.	Eine kurze Anzeige meiner neu aufgefundenen teutschen Produkte in Pfalzbaiern, samt Anzeige der Hauptlieferanten und Oerter, wo sie Zentnerweis gedeihen.	95
45.	Nachricht von einer in Teutschland wachsenden Baumwolle, vom Jahr 1756.	103
46.	Sammlungs-Unterricht von Weiden-Saamenwolle, für Baiern und die anliegenden Gegenden	112
47.	Reinigung dieser Wolle nach meiner Anleitung.	118
48.	Herrn Director Linquists Erfindung die schwedische Baumwolle zu reinigen.	129
49.	Ouvriers angegebene Ursachen des Verfalls der Volkssitten, der Bevölkerung und des öffentlichen Wohlstandes.	133
50.	Erstes Mittel, edle und rechtschaffene Unterthanen zu ziehen, durch freye Erwerbung, Eigenthum.	143
51.	Zweytes Mittel. Durch Industrie-Schulen.	153
52.	Bildung der Jugend durch gut, und unrichtig gearbeitete Modelle von verschiedenen Wirthschafts- und Oekonomie-Geräthen	155
53.	— — — — durch Erlernung der Kenntt-	

	Seite
Kenntniß verschiedener Erdarten nach Maier und Schrank.	156
54. Bildung der Jugend durch die Kenntniß der gewöhnlichsten Kräuter zur Gesundheit und Fütterung in der jedesmaligen Ortsgegend.	158
55. Welche erforderliche Kenntnisse des Landmanns sind hinlänglich?	162
56. Woher soll man den Fond zu Modellen nehmen?	162
57. Von Einführung des Seidenbaues in solchen Schulen, wie sie in Preußen wirklich schon sind.	163
58. Ueber Erziehung der Töchter des Landmanns, durch Vorlesung guter Wirthschafts- und Oekonomie-Bücher während stillen Arbeiten; z. B. Prof. Zimmermanns junge Haushälterinn.	171
59. Nacherinnerung über den Begriff und Nutzen angeführter Industrie-Schulen.	174
60. Wie ist für jene zu sorgen, welche keine Arbeit finden, oder nicht zu arbeiten verstehen, weil sie nichts erlernet.	176
61. Arbeitsanstalt in Lübeck durch Aktien.	178
62. Arbeits- Medicinal- Schul- und Industrie-Anstalt in Hamburg.	179
63. Von Sonntagsschulen in England.	180
64. Von Vorschlägen zu Errichtung solcher Arbeitsschulen in der Kurmark.	182
65. Innhalt des I. Theils, Wagemanns, über die Bildung des Volks.	184
66. Sein und mein Zweck.	187

Errata.

Seite 78 Zeile 16 ließ kaiserlichen, und besonders preußischen Ländern
— 79 — 15 im Handel glauben darf. statt rühmen
— 94 Nota *** Zeile 1 ist von der Allee Seite 95 Zeile 2 zu verstehen.
— 98 Zeile 5 Obersthofmeisterin statt Oberhofmeisterin.
— 111 — 13 als Nota vom fortpflanzen der Weiden anzusehen.
— 113 — 17 mit   statt zu
— 115 — 17 leere   -   secte
— 135 — 7 guten   -   guten
— 135 — 19 bürgerlicher   -   bürgerlichen
— 156 — 5 vermehrte   -   vermehte
— 159 — 3 in der Nota Waldsassen - Walsassen
— 178 — 13 in der Nota ausländisches - ausländische
— 179 — 2 in der Nota Manufactur - Fabrik

Günstige Leser werden um so mehr die übrigen eingeschlichenen Sinn- Orthographie- und Sprach- fehler zu beßern sich belieben laßen, wenn sie be- denken, daß ich auf der Reise dieses Werkchen ge- sammelt, und nur bloß geschwind niedergeschrieben habe, um künftige Theile nach den hier eröfneten Absichten und Wünschen, mit mehr dazu vereinig- ten Industrie-Männern für das verehrungswürdige Publikum bestmöglichst auszuarbeiten.

Vis enim conjuncta fortior.

I.
Von Industrie- oder Arbeits- auch ökonomischen Schulen.

Manche meiner Leser werden wohl auch schon öfter etwas von den sogenannten Industrie- Arbeits- oder ökonomischen Schulen gehört haben, die hie und da neuerlich errichtet worden sind, ohne gerade zu wissen, was sie sich eigentlich darunter vorstellen sollen. Die ganze Einrichtung solcher Anstalten lernen wir auch nie anders kennen, als wenn wir entweder sie selbst sehen — und dazu hat ja nicht jeder Gelegenheit — oder wenn wir eine deutliche und faßliche Beschreibung davon lesen können. Ist nun aber eine solche Einrichtung auch so vortheilhaft und nüzlich, als man in unsern Zeiten von den Arbeits-Schulen rühmet,

Zeit frey hat, oder, wie man sonst sagt, Vakanz-
tag ist. An dem einen Ort nehmen nur die kleinern Kinder Antheil daran, an einem Andern alle,
sowohl die grössern als kleinern, auch ohne Unterschied des Geschlechts.

Und so zeigt sich in Ansehung anderer Umstände
ebenfalls Verschiedenheit. Bald sind der Schulmeister und seine Frau zugleich auch die Aufseher und
Lehrer in den Arbeitsstunden; bald sind andere Personen dazu aufgestellt. Die Arbeit geht ins
Ganze, wird auf öffentliche Kosten betrieben, und
den Kindern ihr Verdienst nach ihrem Fleiß und nach
ihrer Geschiklichkeit bezahlt; oder die Kinder bringen
die Materialien zur Arbeit; z. B. Flachs, Wolle,
Hanf, Zwirn u. s. w. vom Hause mit, und arbeiten für ihre Eltern. Endlich wohnen die Kinder in einigen solchen Instituten der Arbeitsschule
freiwillig bey; an andern Orten sind sie durchaus dazu
verbunden und gezwungen. — Alles dieses wird
aus der nähern Beschreibung einer solchen wirklich
schon vorhandenen Arbeitsschule noch deutlicher
werden. Die erste und ausführlichste, die ich geben
kann, betrift die

Arbeitsschule in Göttingen.

Ich will dasjenige, was in der deutschen Zeitung
des

des Herrn Raths Bekker zu Gotha im 47ſten Stük vom Jahr 1789 dem Angeben nach ein Reiſender davon hat einrükken laſſen, hier von Wort zu Wort mittheilen:

Ich reiſte nemlich, ſchreibt dieſer, durch Göttingen, und hatte daſelbſt Gelegenheit des Herrn Paſtors *) Wagemann Induſtrie-Anſtalt näher kennen zu lernen. Ich kann mit Wahrheit verſichern, daß die Anſtalt ſich ihrer Vollkommenheit immer mehr nähert, und daß es die ſtrengſte Wahrheit iſt, was Sie darüber in Herrn Paſtor Wagemanns Magazin (oder dem Göttingiſchen Magazin für Induſtrie und Armenpflege 1s Stük 1788.) leſen können. Der Anblik, dreihundert Kinder beiſammen geſchäftig und vergnügt zu ſehen, gewährt dem Menſchenfreunde ein ausnehmend ſüſſes Gefühl. Die meiſten von dieſen Kindern machen vortrefliche Arbeiten. Ich ſahe geſponnenes Garn, ſo fein wie Seide, ſchön geſtrikte Strümpfe, aus Eggen **) geflochtene Fußdekken, ſehr fein genähte

---

*) Die Geiſtlichen, welche bey uns Pfarrer genennt werden, heißt man an manchen evangeliſchen Orten Paſtoren, auch Prediger.

**) Anſchroten, Leiſten, welche vom Tuch auf beiden Seiten der Länge nach abgeſchnitten

genähte Hemden, aus fein zubereiteter Wolle gesponnenes Garn, und vorzüglich gute Webergeschirre *). Leztere wurden hier auf eine bessere Art eingerichtet, als es bisher geschehen war, und das Geld, das sonst dafür ausser Land gieng, bleibt im Lande, da der Absatz schon so stark ist, daß die Kinder nicht geschwind genug dergleichen verfertigen können. Eben, als ich da war, wurden für 19 Rthlr. abgesezt. Nicht allein die armen Kinder nehmen an dieser Anstalt Antheil, sondern auch die Bürgerskinder. Leztere bringen entweder Materialien zur Verarbeitung von ihren Eltern mit in die Schule, und arbeiten für diese, oder sie verarbeiten auch, wie die Armen, das angekaufte, und werden denn auch dafür bezahlt, wie iene. Hat ein Kind die Woche mehr verdient, als man

---

werden; in Schwaben sagt man das Ende des Tuches.

*) So heissen die Weberschäfte oder Kämme — (zwey parallel laufende Stäbe, zwischen welchen eine Menge Fäden aufgezogen, und durch einen Firniß-Anstrich steif und glatt gemacht sind) wodurch die Kettenfäden eingezogen, und vermittelst derselben beim Weben hinauf und herabgezogen werden, um zum Einschiessen des Einschlages Fach zu machen.

von seinen Kräften erwarten konnte, so bekommt es eine Belohnung, das heißt, noch einmal so viel als es verdient hat, und diese bezahlt der König von Engelland, der uns Deutschen als Churfürst von Hannover samt der reichlich von ihm unterstützten Universität Göttingen sehr wohl bekannt ist, und die vortreflichsten Lehrer da besoldet, wovon wir viele geschikte Schüler unter uns zählen. Des Morgens um 7 Uhr nehmen die Stunden ihren Anfang, und dauern bis 11 Uhr mit der Privatstunde, Nachmittags von 12 Uhr bis 3 Uhr. Die Kinder sind in 3 Klassen eingetheilt, in A. B. C. Schüler, Buchstabier- und Leseschüler. Beim Anfang der Schule sind alle 3 Klassen beisammen, und da wird nach einem Gesang und Gebete, über den Katechismus katechisirt; dann gehen in der zweiten Stunde die Buchstabier- und A B C - Schüler in die Arbeitsschule, und die ältern bleiben beim Schulmeister und lesen. Ist dieses geschehen, dann geht die erste Klasse in die Arbeitsschule, und die beiden andern kommen zum Unterrichte. Diese Abwechslung dauert, so lange Schule ist; der Religionsunterricht ist noch der nämliche, wie in den meisten Schulen, und in andern zwekmäßigen Wissenschaften findet bis iezt noch kein Unterricht statt, ausser im Rechnen und Schreiben. Doch ist man auf die Verbesserung

rung des Unterrichts gleichfalls bedacht, und sie wird gewiß zu seiner Zeit erfolgen. Ist die Schule geendet, so gehen die Bürgerskinder zu ihren Eltern, die ärmern Kinder aber ins Werkhaus, woselbst sie ihre Arbeiten fortsezzen, auch aufs Gartenland, welches der Herr Pastor Wagemann zu dem Ende gemiethet hat. Die Früchte, die davon eingeerndet werden, kommen in ein besonderes Gewölb, das der Magistrat dazu geschenkt hat, daraus werden sie sodann den Armen um einen sehr billigen Preis, oder als Lohn ihrer Arbeit überlassen, so wie auch zum Behuf der Armen Holz angekauft wird.*) Und so greift selbst die Industrie-Anstalt mit ins Armenwesen. Z. B. erfährt Herr Pastor Wagemann, daß irgend ein armer Schuster keine Arbeit hat, oder meldet ein solcher sich bey ihm, so giebt er ihm eine Menge von den Kindern verfertigter Fußdekken, läst sie besohlen und zu Pantoffeln umschaffen, wofür er ihm seine Arbeit bezahlt. Wie sehr Industrie Herzen

an

---

*) So sezte Candidus Huber, Pfarrer zu Ebersberg in Baiern, in Gesellschaft seines wakkern Schullehrers, Obstbäume mit seinen Pfarr- und Schulkindern auf die Strasse, wo sie sich einst selbst gepflanztes Obst pflükken und früh den Lohn ihres Fleisses einerndten können.

an Herzen kettet, und wohlthätige Gesinnungen selbst in Kindern hervorbringt, können sie an folgendem Beyspiele sehen. Gewöhnlich pflegen alle halbe Jahre die von den Kindern verfertigten Sachen verkauft zu werden, und da finden sich als Käufer alle Personen vom Stande, Prinzen, Offiziere, Professoren, Studenten, Kaufleute und Bürger ein, und da wird den Kindern auch der verdiente Lohn bezahlt, und die Belohnung ausgetheilt. Hier bewiesen sich nun eine Anzahl Bürgerskinder gegen ihre armen Brüder und Schwestern sehr edelmüthig. Sie hatten zwar gearbeitet, wie diese, also auch denselben Lohn verdient; allein sie nahmen ihn nicht an, sondern schenkten ihn ihren dürftigen Mitarbeitern. Sie können leicht denken, welch einen Werth dieses den Kindern in den Augen eines ieden rechtschaffenen Mannes gab. Um sich ihnen doch einigermaßen erkenntlich und dankbar zu bezeugen, schenkte ihnen der Pastor Wagemann das Noth- und Hülfsbüchlein, schön eingebunden, mit der Aufschrift: Für fleißige und wohlthätige liebe Kinder.

So ist denn dieses in unserm Vaterlande die erste grosse Schule, in welcher die Kinder von dem so gefahrvollen als unanständigen Müßiggange abgehalten

gehalten werden, und ihr Trieb zur Thätigkeit von unübeln und schädlichen Dingen auf nüzliche Geschäfte gelenkt wird — die erste Schule, in welcher man das ewige Einerley und die Einförmigkeit des Unterrichts, wobei der Fleiß der Kinder leicht ermüdet und ihr Verstand stumpf wird, durch die Abwechslung des Unterrichts mit der Arbeit vermeidet. Die Schüler lernen frühzeitig den Werth, und die guten Folgen der Arbeit aus eigener Erfahrung kennen, worauf Lust, Nachdenken, Eifer und Unverdrossenheit statt des ehemaligen schlaffen Sinnes dereinst erfolgen wird. Die Kinder erwerben ihren Eltern vom 8ten Jahr*) an schon Geld, und passen als nüzliche Werkzeuge schon bei Zeiten mit in das Geschäftsrad der Welt und der Menschen, um zum allgemeinen Besten mitzuwirken; und solche auf diese Art erzogne und gebildete Kinder versprechen für die Zukunft immer bessere, arbeitsamere Hauswirthe und Hauswirthinnen, und Staatsbürger. ——— Welch Verdienst der würdige Herr Pastor Wagemann und sein' eben so würdiger Bruder der Hr. Candidat Wagemann, sich

um

---

*) Ich werde Producte bekannt machen, durch welche Kinder von 5 bis 6 Jahren sich werden was verdienen können.

um die Stadt Göttingen, durch Errichtung dieser Anstalt, gemacht haben, und künftig noch machen werden, leuchtet einem ieden von selbst in die Augen. Doch erstrekt sich sein Verdienst nicht blos auf die Stadt Göttingen, und die herumliegende Gegend, sondern auch auf das Ausland. Viele Reisende kommen und lernen von diesem Menschenfreunde, der dem allgemeinen Besten seine Ruhe, Bequemlichkeit, Zeit und Gesundheit so gern und willig aufopfert.

Man siehet hieraus, daß die Göttinger Anstalt schon ziemlich ins Grosse gehet. Es ist hier eine ganze Menge Kinder, welche daran Theil nehmen; und die Arbeit, mit welcher sie sich beschäftigen, ist auch weit mannigfaltiger, als in andern dergleichen Arbeitsschulen. Es verstehet sich daher auch von selbst, daß bey der hier üblichen Abwechslung der Unterrichts- und Arbeitsstunden, die nach Klassen gehet, der Schullehrer der Arbeitsschule sich nicht annehmen kann, sondern daß eigene Personen dazu aufgestellt sind. Zwei, dieser Göttinger ganz ähnliche Arbeitsschulen hat auch Hr. Professor Setroch in Göttingen auf dem Lande in zweien nahe dabei gelegenen Dörfern Rostorf und Paake angelegt. Die dasige vermögliche Kirche hat die Werkzeuge

zeuge und ersten Materialien zur Verarbeitung angeschaft, und thut noch zu eben dem Zweck jährlich einen beträchtlichen Zuschuß. Die Frau des Cantors oder Schulmeisters besorgt die Arbeitsschule. — Jeder gutdenkende Mensch wird mit dem ungenannten Reisenden die beiden Herren Wagemann, wie auch Herrn Prof. Sextroch für diese edle Bemühung, Gutes unter ihren Mitmenschen zu stiften, segnen, und diesen Anstalten immer besseres Gedeihen und recht langwierige Dauer anwünschen.

Ziemlich verschieden von diesen Hannöverischen Arbeitsschulen sind die

Oekonomischen Schulen im Badischen,

besonders in der Spezial-Superintendentur *) Kömbringen eingerichtet. Hier bringen alle Kinder das Materiale von Haus mit, und alle und jede Arbeiten verrichten sie entweder für sich selbst, oder für ihre Eltern und Familien. Uebrigens ist die ganze Einrichtung dieser Arbeitsschulen nach der von Herrn Spezial-Superintendent Sander in dem 36ten Heft der

---

*) Superintendenten heißen in katholischen Ländern Dechanten.

der Schlözerischen Staats-Anzeigen S. 426. davon eingerükten Nachricht folgende:

Die sogenannten ökonomischen Schulen werden 5 Monate, vom November bis März inclusive, am Donnerstag und Samstag Nachmittags, da keine ordentliche Lehrschulen sind, von 12 bis 2 Uhr gehalten. Die Kinder der 2 obersten Ordnungen werden dazu gezogen, und geniessen den Unterricht meistentheils 5 Winter, oder 4 ganz unfehlbar. Die Knaben haben ihre eigene Strikmeister, wann die Zahl der Kinder nicht gar zu klein ist; und da Strikken kein Geschäft ist, welches einer freien Lebensart unanständig wäre, so wird dafür gesorgt, daß angehende Schullehrer oder Schul-Kandidaten wenigstens größtentheils strikken lernen, um hernach Unterricht darin geben zu können, und Verdienst und Einkünfte damit zu vergrössern. — Es wird leinen Garn und Wolle gestrikt mit 3 und 5 Nadeln, hauptsächlich werden Strümpfe, nächstdem aber auch Handschuh, Oberstrümpfe, ꝛc. gemacht. Die Mädchen werden zuerst zum Hanf- oder Flachsspinnen angeführt, hernach zum Strikken, und endlich zum nähen, bis sie aus der Schule entlassen werden. Wenn ein Mädchen so fein spinnen kann, daß 2 Pfund Garn auf 8 Ellen Tuch gegen 1 1/2 Ellen breit laufen, wann es sol-

ches

ches auch schon vorher zu Haus gelernt hat, so wird es vom Spinnen frei gesprochen und zum Stricken befördert; kann es da mit Fertigkeit und Ordnung leinene und wollene Strümpfe stricken, so kömmt es zum Nähen, und dies bringen sie so weit, daß sie nicht nur ausbessern oder flicken, Strümpfe doppeln, sondern auch Winterkappen, Halstücher, Schürze und ganze Hemden machen können, und also zu tüchtigen Hausmüttern unter Anführung weiblicher Lehrmeisterinnen erzogen werden. Das Stricken bei beiderlei Geschlecht versorgt also nicht nur ganze Haushaltungen, sondern es wird auch noch für Stricker gestrikt, und der Nutzen der Anstalten ist sehr groß und ausgebreitet. Auch bey diesen Schulen sind Aufseher bestellt. So bald es aber Geschäfte seyn sollen, die nicht in die eigne Haushaltung gehören, so ist der Widerwille groß und oft unbiegsam, doch wird auch Baumwolle gestrikt, aber zu eigenem Gebrauch. Und dieß sind die eigentlichen sogenannten ökonomischen Schulen. Ausser diesen eben genannten giebt es nun

noch mehrere dergleichen Anstalten

in andern Ländern, zum Theil ausserhalb Deutschland. Ich will derselben, so weit sie mir bekannt worden sind, nur ganz kürzlich Meldung thun.

Zu

Zu Varenholz in der gefürsteten Grafschaft Lippe Detmold hat der dasige Prediger Herr M. C. Pothmann, *) um den überhandnehmenden Strassenbettel und Müssiggang armer Kinder abzuhelfen, mit Genehmigung der dortigen Landesregierung vor nicht gar 2 Jahren eine Arbeitsschule angelegt. Um seine Zuhörer für dies Unternehmen zu gewinnen, hielt er zuvor eine Predigt über den Werth der Arbeitsamkeit, und unterrichtete sie damit von dem Entzwek seines Vorhabens. Es war auch solches nicht ohne Nuzen, denn es fanden sich darauf nicht nur arme sondern auch andere Kinder dabey ein. Die vermöglichern bringen die Materialien mit, und arbeiten für ihre Eltern; den ärmern aber werden sie aus der Anstalt gegeben, und es wird ihnen jeden Sonnabend ihre Arbeit bezahlt. Die erforderlichen Kosten hat der menschenfreundliche Fürst vorgeschossen.

In Böhmen führte der Herr Probst Ferdinand Kindermann von Schulstein, Arbeits- oder sogenannte Industrial-Schulen schon 1786 mit gutem Erfolg ein. In der Schule zu Grandeis haben gleich
in

---

*) Sein Sittenbuch für den christlichen Landmann in Geschichten und Beyspielen, 1790 in Leipzig verlegt, ist sehr gut aufgenommen worden.

in den erstern Jahren 36 Mädchen, deren keines noch das 9te Jahr zurükgelegt hatte, in einem Jahre 215 Paar Strümpfe gestrikt.

In Dännemark wurden in zwölf Schulen der Nestredschen patriotischen Gesellschaft 1789 an Flachs 7226 Pfund gesponnen, welche 16536 Stränge Garn gaben, und an Spinnerlohn 1215 Rthlr. 20 Sgr. abgeworfen haben.

Was nun aber überhaupt dergleichen Anstalten betrift, so ist der Gedanke davon eben nicht so neu, als manche dafür halten, und es ist wahrhaftig lächerlich, wenn man sich darüber streitet, wie es schon geschehen ist, ob sie 1780 oder 1788 in Deutschland oder in Böhmen zuerst angelegt worden seyen? Schon funfzig, und zum Theil wohl gar hundert Jahre lang konnte man ähnliche Einrichtungen in manchen Ländern Deutschlands sehen. Wenn aber auch nie so eine Anstalt gewesen wäre, so sollten doch alle Herrschaften und Stadtmagistrate mehr als jemals darauf dringen, da Arbeit den Aufruhr im Keim erstickt. In den Waisenhäusern mußten die Kinder immer jeden Tag etliche Stunden arbeiten, meistens spinnen, strikken und nähen; und das wird auch gewiß so bleiben, so lange dergleichen wohlthätige Häuser vorhanden sind.

sind. *) Es ist wirklich eine Freude zu sehen, wie weit man darin in einigen solchen Anstalten gekommen ist. Besonders zeichnet sich das von dem jezt regierenden Herzog Karl zu Wirtemberg in Ludwigsburg angelegte und gestiftete Soldaten-Waisenhaus vor den meisten andern in diesem Punkte zu seinem größten Vortheil aus. Man erstaunt, wenn man sieht, wie fein einige Knaben die Baumwolle zu spinnen verstehen. Einige lieferten, wie man da weiß, bis auf 120 Schneller dergleichen Garn aufs Pfund; andere weben Schnupf- und Halstüchlein gut und hübsch, desgleichen allerley gemodelten Barchent zu Kleidern, Westen u. dgl. so schön, als man ihn irgendwo antrift. Die Mädchen strikken zum Theil die feinsten Strümpfe, und nähen recht sauber.

Wichtiger als der Streit über die erste Entstehung solcher Schulen, ist die Frage: Ob dergleichen Arbeits-Schulen auch in der That so vortheilhaft und lobenswürdig seyen, als man sie gewöhnlich beschreibt? — Ich antworte: Wenn man bedenkt daß an

---

*) Dergleichen Anstalten hätte Baiern in Menge; und es kömmt nur darauf an, daß, den Stiftungen gemäß, die Arbeit mit Gebeth und Unterricht im Lernen, im richtigen Verhältniß unterhalten würde.

an so vielen Orten, hauptsächlich in so manchen großen und kleinen Städten, die Kinder zu großen Parthien geschäftlos und müßig in den Zwischenstunden, wo keine Schule gehalten wird, auf den Straßen umherlaufen, *) Standes-Personen, und besonders Fremde und Reisende, oft mit der größten Unverschämtheit ums Almosen bestürmen, auch mitunter mancherlei Bosheiten und Muthwillen begehen, sich an allerlei Unordnungen, an Unreinlichkeit und schmuziges Wesen dadurch angewöhnen; wer wollte dem Manne seinen Beifall versagen, der edel genug ist, an einem solchen Ort mit unverdrossener Mühe, mit nicht geringen Zeit-Aufwand, auch meistens noch mit Unkosten, eine Arbeits-Schule zu errichten? **) Es werden dadurch mittellose Eltern in den Stand gesetzt, ihre Kinder, weil solche nun selbst dazu beitragen, leichter zu ernähren; die Kinder bekommen Gelegenheit, thätiger, fleißiger und gesitteter

---

*) Daher kömmt die allgemeine Klage über Diebereien in den Städten sowohl als auf dem Lande, vor welchen nichts sicher ist. —

**) So errichtete erst in der Stadt Freysing Herr Schullehrer Raut mit gutem Erfolg eine Schule auf eigne Kosten. Die Kinder, welche seine Schule besuchen, vermehren sich täglich, da die Eltern den Nuzen davon einsehen.

ter zu werden; und man erwirbt sich auf diese Weise um das jetzt aufwachsende Geschlecht in Wahrheit das größte Verdienst. Je mehr müßiggehende Kinder also in einem Orte herumlaufen, die nicht von ihren Eltern selbst zur Arbeit angeleitet werden wollen oder können, mit desto grösserem Vortheil wird sich da eine Arbeits-Schule anlegen lassen.

Wer also so etwas unternehmen wollte, müßte, meines Erachtens, auf die ganze Lage seines Orts, dessen Einwohnerschaft, ihre Kenntnisse in den häuslichen Arbeiten, ihr Gewerb, und ganze Lebensart genaue Rüksicht nehmen. Sonst wird er mit unaufhörlichen Schwierigkeiten zu kämpfen haben, und auf Hindernisse stossen, die ihn müde machen, ehe noch das Werk recht zu Stande gekommen ist. Klugheit in Erwägung der Lage des Orts, seiner Produkten und Sitten, nebst der Kenntniß derer Personen, die durch ihr Ansehen und Wort etwas dabey vermögen, muß hier das Meiste thun, und jedem selbst zur Erreichung seines Ziels die besten Verhaltungsregeln an die Hand geben.

Eine Arbeitschule nach dem Muster der beschriebenen Göttinger Anstalt wird sich auch in andern Städten oder großen Marktfleken anlegen lassen, wo sich ein

ziem-

ziemlicher Theil der Einwohner weder mit dem Akkerbau noch mit der Viehzucht abgiebt. Sie wird besonders gut gedeihen, wo solche Fabriken oder andere Gewerbe im Gang sind, an welchen die Kinder noch nicht Antheil nehmen können; oder wo eine Garnison liegt, und viele gemeine Soldaten=Kinder sich befinden, als welche gewöhnlich unter die ärmste Sorte der Menschenklassen zu zählen sind. An solchen Orten sind so manche arme Eltern, die zur Beschäftigung ihrer Kinder sich nicht einmal Materialien anschaffen können, und auch bei andern nicht so viel Credit finden, daß ihnen von diesen etwas zu Verarbeiten, z. B. Flachs, Hanf, Wolle u. dgl. anvertrauet würde. Wie sollte da eine tägliche Arbeitsschule nicht auf ihren rechten Plaz seyn! *)

Auf den Dörfern hingegen, oder in sogenannten Bauernstädtchen, wo alles vom Landbau und von der Viehzucht lebt, ist es etwas ganz anders; da können die Kinder, und müssen auch zum Theil schon, wenigstens, wenn sie einmahl das zehende Jahr zurückgelegt haben, und für ihr Alter groß genug sind,

---

*) Solche Anstalten bey unsern Glashütten, Glasschleifen ꝛc. u. a. dgl. wären gewiß ein großer Damm wider die häufigen Diebereien und Pflanzschulen arbeitsamer treuer Ehehalten.

sind, zu mancherley Arbeiten gebraucht werden. Die
Eltern, die ihre Kinder gerne und fleißig zur Schule schiken, können sie doch nicht den ganzen Tag
missen, und würden sich daher zu einer Göttingi-
schen Arbeitsschule nicht leicht bequemen; hingegen
würde ihnen größtentheils eine ökonomische Schule
nach der vorhin erzählten Baadischen Einrichtung
willkommen seyn.

Die leztere Art von Arbeitsschulen hat für die
Landleute überhaupt viel Vorzügliches. Sie dauert
nur das Winter-Halbjahr durch, wo die Feldge-
schäfte aufhören; sie werden wöchentlich nur zweimal
nämlich in den Schulferien gehalten; (nachmittag,
und an aufgehobenen Feiertagen könnte noch mehr geschehen;) man braucht kein eigenes Arbeitszimmer
dazu, weil zu dieser Zeit die gewöhnliche Schulstube
leer ist, und also die Kinder in dieser arbeiten können. Der Schulmeister kann Lehrmeister und Aufseher, und seine Frau Lehrfrau seyn, und sie werden
sich gewiß um billigern Lohn hierzu gebrauchen lassen,
als fremde Personen.

Die Kinder können entweder die Materialien
mitbringen, und für sich arbeiten, oder es kann
ihnen

ihnen der Schulmeister, oder ein Anderer *) die Materialien geben, und dann werden sie nach ihrem Verdienst bezahlt. Auch selbst am Holz zum Einheizen des Zimmers gewinnt man, indem die Schulstube noch von dem Vormittag her einigermaßen erwärmt bleibt; und was dergleichen kleine Vortheile mehr sind.

Wählt man dabei solche Arbeiten, die an und für sich für jede Haushaltung sehr nützlich, aber gerade an diesem Ort noch nicht so im Gange sind, wie sie es zu seyn verdienten, so wird man einem solchen Unternehmen auch hierdurch leichter Eingang verschaffen. Ich kenne Ortschaften, wo die Kinder durchaus mit keiner andern häuslichen Arbeit beschäftiget werden, als mit dem Flachsspinnen, mit welchem eine Person in einem ganzen Tag oft kaum 4, höchstens 6. kr. verdienen kann. Man versteht da nichts vom Nähen und Strikken, das doch eben so unentbehrlich ist, und einen weit bessern Verdienst abwirft, als das Flachsspinnen. Eben so wenig giebt man sich daselbst mit Wollen- und Baumwollenspinnen ab; und doch kann man sich auch von diesem Geschäfte weit

---

*) Herrschaften, Beamte, Pfarrer und Krämer könnten dieß zu ihrem eignen Vortheil am zwekmäßigsten in ihrem Orte selbst thun.

weit besser nähren, als vom Flachsspinnen. An andern Orten weiß man noch nichts von dem so nüzlichen Bindel- oder Bänderwirken. Lauter Dinge, die sich in eine Arbeitsschule wohl schiffen.*)
Ich sehe auch nicht ein, warum in dergleichen Dörfern die Leute nicht ein Vergnügen daran finden sollten, wenn ihre Kinder auf eine so leichte und wohlfeile Art Arbeiten erlernen, die sie bisher immer andern bezahlen mußten, und mit denen sich ihre Kinder, wenn es nöthig seyn sollte, auch mit der Zeit leichter ernähren werden. Wenn man nur das Beste der Kinder mit dem Interesse ihrer Eltern geschift zu verbinden weiß: so wird sich die ganze Sache viel leichter ausführen lassen.

Das Sittlichgute, das durch die Arbeitsschulen bewirkt werden kann, ist so wenig zu übersehen und zu verwerfen, daß es vielmehr alle Aufmerksamkeit verdient. Es besteht unter andern darin, daß, wenn die in der Arbeit schon geübten Kinder den schwä-

---

*) In einigen Gegenden ist das Zupfen der Floretseiden, und Seidenhaspeln ein besonders Gewerbe für Kinder. In der Gegend von Reutlingen weben sie grobe Spizzen, und machen sich damit einen guten Verdienst. Oft liessen sich dergleichen Arbeiten auch wohl in andere Gegenden verpflanzen.

schwächern hie und da forthelfen, einen gemachten Fehler verbessern u. dergl. alle dadurch unvermerkt angewöhnt werden können, Hülfe bei einander auf bescheidene Art zu suchen, sie mit Freundlichkeit zu leisten, und für erzeigte Gefälligkeiten dankbar zu seyn. *) Ein Umstand, der in der That nicht aus der Acht zu lassen ist. Denn thätige Menschen- und Nächstenliebe mehr in Gang zu bringen, was kann erwünschter seyn? Wer dann noch weiter gehen will, wird auch dies nicht ganz unbedeutend finden, daß auf solche Weise die Kinder auch in den Schulferien Nachmittags, wo sie öfters mit ihrer Kunkel oder mit dem Spinnrad in schlechte Häuser gerathen, und manches Böse hören und sehen, unter der guten Aufsicht ihres Lehrers bleiben, und weder müßig sind, noch verführt werden können.

Um diese Arbeitsstunden den Kindern auch angenehm zu machen, muß in denselben alles ganz frei und ungezwungen hergehen. Die Gegenwart des Schul-

---

*) Diese Geselligkeit zu gründen, könnte aus dem Robinson, wie ihn Kampe für die Jugend bearbeitet hat, täglich etwas vorgelesen, und ein zwekmäßiges Lied einstimmig gesungen werden, z. B. Morgen, morgen, nur nicht heute, sprechen immer träge Leute ꝛc.

Schulmeisters sollte den Kindern ohnehin die Lebhaftigkeit und Munterkeit niemals, am wenigsten während den Arbeitsstunden benehmen. Man erlaube darin den Kindern, so viel es der Arbeit unbeschadet seyn kann, dieß und jenes zu erzählen, erzähle ihnen selbst, oder lese zuweilen eine für sie schikliche Erzählung vor, gebe ihnen Räthsel auf, u. dergl. Nur daß alles Unanständige, wie sich von selbst versteht, dabei vermieden bleibe, und daß der Achtung, welche die Kinder ihrem Lehrer auch ausser den Unterrichtsstunden schuldig sind, nicht zu nahe getretten werde. *)

In Ansehung der eigentlichen Arbeitsschulen, wo solche Jahr aus Jahr ein, wie zu Göttingen und andern Orten, dauern, könnte man noch die Frage aufwerfen: Ob die beständige Abwechslung zwischen dem Arbeiten und Lernen wirklich so leicht angehe? Es ist solches an und für sich keine Klei-

---

*) So sollten den Kindern nach **Raffs** Naturgeschichte Nachrichten von arbeitsamen Thieren — Handwerkergeschichten, nnd selbst die Geschichte der Künste und Handwerker nach **Sprenger** zur Nacheiferung vorgelesen werden.

Kleinigkeit; so viel aber ich von der Sache urtheilen kann, denke ich so: Es könnte freilich scheinen, daß die Kinder, wenn sie in ihren Geschäften, jezt im Lernen, und dann im Arbeiten, immer unterbrochen werden, ihre Gedanken noch zum Theil in der Arbeitsstube zurüklassen würden, wenn sie aus derselben zum Schulunterricht kommen; und umgekehrt. Allein es geschicht dieses doch nicht durchaus. Wenn der Lehrer, wie es freilich zu wünschen wäre, die Kunst versteht, jeden Unterricht seinen Kindern angenehm zu machen, so sind sie gleich wieder mit Leib und Seele da, und vollkommen aufmerksam auf das, was er hier lehrt; und da in jeder guten Schule keine Klasse während der zwei oder drei Stunden, wo alle Klassen da sind, in Einem fort unterrichtet, sondern jede abgelößt, auch nicht einerlei Lehrstük den ganzen Vormittag oder Nachmittag über getrieben wird; so kann dieses, daß der Unterricht nicht an einander fortgehet, auch hier nichts schaden. Es kommt nur darauf an, daß der Schulmeister alles wohl einzutheilen wisse, und jedesmal, wenn er eine Klasse aufs neue vornimmt, auch wieder etwas anders vornehme. Hat man z. B. in der vorhergehenden Stunde die Kinder im Lesen geübet, so nimmt man in der folgenden, wo sie von der Arbeit zurükkommen, etwa das Schreiben vor,

vor, oder katechisirt mit ihnen u. s. w. Man kann ja immer auf verschiedene Art wechseln. — Bedeutender ist dieses, daß, wo eigne Lehrer und Lehrerinnen für die Arbeitsschule angestellt sind, und diese die Kinder entweder zu strenge oder zu nachsichtig behandeln, an der Schulzucht gar leicht viel verdorben werden kann; worauf also der Schulmeister sorgfältig Achtung zu geben hat.

Noch habe ich nichts von Auftreibung der Unkosten geredet, welche zu Anlegung einer Industrie- oder Arbeitsschule erforderlich sind. Ich habe geflissentlich bis daher davon geschwiegen, um jetzt diesen Punct ohne Nachtheil der Deutlichkeit desto kürzer fassen zu können. Völlige Arbeitsschulen, wie die zu Göttingen, erfordern sehr geräumige und große Schulhäuser, in welchen mehrere helle Stuben angebracht sind; wenigstens müssen zwei recht weite Zimmer da seyn, die blos für die Kinder bestimmt sind, nämlich eines für die Arbeitsschüler und eines für den Schulunterricht. Nimmt man nun noch eine besondere Wohnstube für den Schulmeister und seine Familie, so erfordert das viel Raum, und macht, wo das meiste erst neu gebauet werden soll, beträchtliche Kosten.

Ja in manchen unsrer bisherigen Schulhäuser in Städten und auf dem Lande würde sich eine solche Einrichtung wegen Mangel an Raum gar nicht mehr treffen lassen, und man müßte also neue Schulhäuser dazu bauen. — Die Anschaffung der nöthigen Geräthschaften würde an dem einen Ort mehr, an dem andern weniger kosten. Es kommt hier auf die Arbeit an, die man den Kindern giebt. Nähen, Strikken und Flachsspinnen erfordert gar wenig Werkzeuge; Wolle oder Baumwolle Spinnen schon mehrere. Sollen wollene Zeuge, oder Barchent von Baumwollengarn gewebet werden: so ist natürlich die Anschaffung der dazu nöthigen Weberstühle noch um vieles kostbarer; und nun ist noch keine Handvoll Materialien da. — Nimmt man noch ferner die Aufstellung eines eigenen Lehrmeisters und einer Lehrfrau dazu, die für ihren Dienst zwar nicht kostbar, aber doch nach Billigkeit, belohnt werden sollen: so möchte wohl dieser ganze Kostenaufwand manchen von dem Gedanken, eine Industrieschule zu errichten, wieder abschrekken. Selten wird sich auch ein Mann finden, welcher wie Herr Pastor Wagemann in Göttingen, und Schullehrer Kaut in Freysingen, auch Waisenvater daselbst, alles im Vertrauen auf milde Beiträge und Gottes Beistand auf seine Rechnung nehmen dürfte. Kaum würde
ein

ein reicher Kaufmann sich entschliessen, dadurch eine Art von Fabrik zu errichten, und so die Kosten dazu herzuschiessen. Es ist und bleibt vorzüglich eine Sache für Landesregierungen und Schulkollegien, wo dergleichen eingeführt sind. Nur muß diesen, wenn etwas zu Stande kommen soll, sich ein Mann von erkannter Rechtschaffenheit, Thätigkeit und Menschenliebe darstellen, der sagt: "Hie, dort wäre eine solche Anstalt zu wünschen, und sehr nützlich; ich will sie anordnen, und einrichten, wenn mir die Unkosten, die sich auf — belaufen, dazu bewilligt und hergeschossen werden." Ein wenig anders wär es, wenn eine solche Anstalt aus dem in dem Ort befindlichen reichen Spital, aus dem beträchtlichen Kirchengut, von gemachten milden Stiftungen, oder aus andern vermöglichen Kassen errichtet, und bestritten werden könnte. Hier müßten die Ortsvorsteher das meiste dabei thun; wären sie einmal übereinstimmig, so würde es an landesherrlicher Genehmigung gewiß nicht fehlen. *)

Wie

---

*) So verwandelte das Kloster Allerspach ein aus mehrern zanksüchtigen, versoffenen Mitgliedern bestandenes Bruderhaus in eine Pflanzschule für junge Singknaben, die auch im Studiren guten Unterricht erhalten.

Wie gering ist aber dagegen der Kosten, welchen die ökonomischen Schulen nach Art der Badischen erfordern! Man kann diese so einrichten, daß die Kinder, außer den Materialien, auch die Geräthschaften mitbringen, und also nichts zu bezahlen übrig bleibt, als das wenige Holz, das zum Einheizen der Stube verbraucht wird, und was dem Lehrer und der Lehrerin für Unterricht und Aufsicht gebührt — Ein Umstand, welcher die Anordnung solcher Arbeitsschulen ungemein erleichtert und empfiehlt.

Wo denn aber von diesem allem nichts einzuführen wäre, (wie aber doch, um der in unsern Zeiten immer höher steigenden Lebensmittel, und vielfältigen Bedürfnisse willen, wodurch für jeden der Lebensunterhalt erschwert und kostbarer wird, sehr zu wünschen wäre,) dürfte doch etwa folgender Vorschlag thunlich und willkommen seyn. Die Schulmeisterin, wenn sie die Gabe hat, mit Kindern umzugehen, und diese oder jene Geschiklichkeit in Arbeiten besizt, biete sich selbst den Müttern im Dorf oder auch nnr den Kindern an, ihnen gegen eine ganz geringe Belohnung, in den schulfreien Wochentagen im Nähen und Strikken Unterricht zu ertheilen. Kann sie noch etwas anders Nuzliches lehren

lehren z. B. Woll- oder Baumwoll-Kartetschen, und Spinnen, Bänder wirken und dergl. so ists um so besser. *) Es werden sich bald Schülerinnen bei ihr einfinden, und an guter Belohnung wird es in der Folge auch nicht fehlen. Es werden, ohne niederträchtige Bettelei oder unverschämtes Begehren, welches jeder gutdenkende Schulmeister nebst seiner Frau von selbst verabscheuet, kleine Nebengeschenke fallen an Milch, Butter, Eier und dergl. welche meistens mehr, als der eigentliche Lohn ausmachen würden, und bisweilen wohl gar von dem Schulmeister als eine Art von Besoldungszulage geachtet werden könnte, die er sich selbst ohne Beschwerung der Einwohner durch seine Frau zu verschaffen wußte. Da er es zugleich so einrichtet, daß die Kinder alle Materialien aus ihrem Hause bringen, so hat er am Ende auch nicht einmal die Mühe, die gelieferte Arbeit zu verwerthen, im Gegentheil hat er, wenn er es klug anzugreifen weiß, ein Mittel mehr, sich und seine Frau auf eine unschuldige Art bei seinen Mitbürgern in Gunst zu setzen.

Ein-

---

*) Besonders gut ist es, wenn auch auf die Ausbesserung der Kleider, hauptsächlich der Strümpfe und Hemden Rüksicht genommen wird. Arme Dienstbothen ersparen sich, wenn sie damit umgehen können, manchen Kreuzer.

Einrichtung und Fortgang der Industrieschulen im Amte Aschach.

In Albertshausen, einem Filialorte von Oberthulba sind zwey wohl umzäunte Gärten angelegt, in welchem bereits über 2000 Birn- und Aepfelkerne gesäet, und von 36 Knaben 124 theils Birn- theils Aepfelbäume gesezt worden sind. Den Unterricht ertheilt der Schullehrer wöchentlich zweymahl. Die Frau des Schullehrers ist als Arbeitslehrerin gegen 5 fl. Lohn von der Gemeinde aufgestellt, und seit dem 7ten Februar l. J. sind von 36 Knaben 174 Stränge Garn, 14 Paar Strumpfbänder, 5 Paar Staucher, 6 Paar Beinhosen, 3 Paar grosse und 5 Paar kleine Strümpfe, und dann von 20 Mädchen 194 Stränge Garn, 11 Hembe, 6 Halztücher, 3 Schürze, 6 Hembepreislein, 8 Paar Staucher, 20 Paar Strümpfe, 6 Paar Beinhosen nebst noch vielen ausgebesserten Stücken verfertiget worden.

In dem Amtsitze Aschach kaufte man zwar ein schönes Stuck Feldes zu einem Industrie-Garten um 60 fl.; allein der Verkäufer wurde reufällig, und

und man fand sich genöthigt, ein anderes Stück Feldes 140 Schuhe lang und 50 breit zu Grossenbrach käuflich an sich zu bringen. Zur Bezahlung dieses Feldes gab die Gemeinde nicht nur das Geld mit größter Bereitwilligkeit her, sondern sie ließ auch den Platz durch 40 junge Bursche umgraben, die Steine wegschaffen, die innern Gräben ausfüllen, und statt derselben ausserhalb neue führen, um das Wasser abzuleiten. Den Unterricht ertheilt der Schullehrer, und unter seiner Leitung sind von 34 Knaben 314 Bäume in dem Industriegarten, und 293 auf ihren eigenen Feldern und Gärten gesezt worden. Nebst dem hat der Schullehrer in dem Industriegarten mit den Schulkindern ein Stück mit Grundbirn, Bohnen und türkischem Weitzen angelegt, und die Ortsnachbarn selbst die rechte Art, die Bäume zu behandeln, gelehrt.

Den Unterricht im Nähen, Spinnen und Stricken für die Kinder beyderley Geschlechts übernahm die in diesem Fache sehr geschickte verwittibte Lieutenantinn Reutterinn mit ihrer Tochter. Sie giebt solchen die Woche zweymahl, nämlich an den Spieltägen von 12 bis 3 Uhr, wogegen sie für jede Lection von der Gemeinde 2 Batzen erhält.

Die

Die Folge ihres Fleißes und ihrer Geschicklichkeit wird sich im folgenden Jahre zeigen. Inzwischen könnte man eine beträchtliche Menge Kinder angeben, welche sich seit 2 Jahren im Stricken, Nähen und Spinnen hervorthaten; insbesondere sind in Aschach die doppelten Spinnräder eingeführt. Herr Cooperator Weber hielt am Sonntage Sexagesimä eine ganze Predigt über die Industrieanstalten, welche grossen Eindruck machte, und allgemeinen Beyfall erhielt. Zu Bocklet ist 1/4 Morgen Feldes zum Industriegarten angewiesen und theils von den erwachsenen, theils von dem Schullehrer selbst zubereitet worden; 15 Schulknaben säeten bereits 200 Obstkerne, und setzten 336 Bäume auf demselben.

Die neuaufgestellte Lehrerin Margaretha Stranginn ertheilt seit dem 17. März wöchentlich zweymahl von 12 bis 2 Uhr Unterricht im Spinnen, Stricken und Nähen, und 5 Knaben verfertigten 2 Gürtel, 4 Strumpfbänder, und 2 Staucher — dann 16 Mädchen 3 Paar Strümpfe, 30 Hembe, und 1 Schurz. Eben so wurden von diesen Kindern zusammen den Winter hindurch 25 Stücke Garn gesponnen.

Zu Burkardroth Wollbach und Zahlbach wurden, nach vieler Mühe und nach vielem Zureden des Herrn Beamten und Cooperators Meinzinger, Plätze zu Industriegärten angelegt, und theils von Fröhnern, theils von den Schulkindern mit grosser Beschwerniß, und allmählich auch mit grosser Freude, zubereitet. Den Unterricht in der Baumzucht ertheilt der gemeinsame Schullehrer zu Burkardroth, und im Industriegarten daselbst wurden 372, in dem Wollbach 379, und in jenem zu Zahlbach 387, zusammen 1338 theils Aepfel- theils Birn- und theils Zwetschkenbäume gesezt. Hiebey zeichneten sich 8 Knaben durch vorzüglichen Fleiß, und durch ausnehmende Geschicklichkeit aus, und munterten ihre Mitschüler theils auf, theils unterrichteten sie dieselben selbst.

Die Handarbeit, welche bisher von 31 Mädchen geliefert wurde, besteht in 95 Hemden, 23 Kopftüchern, 10 Schürzen, 8 Paar neuen und 10 Paar angestrickten Strümfen, dann in 38 Stücken gesponnenen Garns. Unter diesen haben sich 6 Mädchen ganz besonders hervorgethan. Die Knaben fiengen zwar das Stricken auch an; aber ihre Arbeiten sind noch nicht bemerkenswerth.

In dem neuen und wohl angelegten Industrie-Garten zu Frauenroth sind von den 9 Schulknaben

ben unter Anweisung des Schullehrers 170 Aepfel- und Birnbäume gesezt worden. Zur Beförderung der Handarbeit ist eine Lehrerinn angestellt, und 2 Knaben verfertigten 2 Paar Strümpfe, die Mädchen 5 Hembde, 2 Sacktücher, und 4 Paar Strümpfe.

Zu Gefäll ist ein Industriegarten angewiesen, und von den Kindern selbst mit unermüdetem Fleiße und bewundernswürdiger Freude umgegraben und zugerichtet worden. Den Unterricht besorgt der Schullehrer, und 25 Knaben haben in dem Industriegarten 167, auf eigenen Gütern aber 48 Bäume gesetzet, wovon bereits 33 gepelzt und occulirt worden sind.

Im Stricken, Spinnen und Nähen ist man so weit gekommen, daß von 14 Mädchen, worunter sich 2 besonders auszeichneten, 25 neue Hembde, 9 Schürze, 13 Kopf- und Halstüchlein, 16 Paar neue Strümpfe, 18 Paar angestrickte, 6 Paar Staucher, 2 Paar Handschuhe, und 203 Stränge Garns verfertigt wurden.

In dem wohl zugerichteten Industriegarten zu Hart wurden von 9 Knaben über 500 Obstkerne ge-

gesäet und 68 Bäume, so wie auch noch 72 in das Feld gesezt.

Sechs Knaben strickten 6 Paar Strümpfe, und spannen 24 Stränge Garns — und dann 8 Mädchen 77 Stränge Baumwolle, und 125 Stränge Garns. Was das Nähen und Stricken der Mädchen betrift, so waren bisher die Aeltern noch nicht genug mit Materialien versehen, werden es aber in der Folge werden.

Zu Hassenbach einem Filialorte von Oberthulba hat man 3/4 Morgen öden Landes zur Baumschule umgearbeitet, und 15 Knaben legten unter Anleitung des Schullehrers 300 Obstkerne, und sezten 135 Bäume.

Die aufgestellte Lehrerinn giebt wöchentlich zweymahl den Knaben und Mädchen gegen einen Gulden 1 Pfund 3 Pfenning Lohn im Spinnen, Nähen und Stricken Unterricht. Unter ihrer Anleitung verfertigten 15 Knaben und 8 Mädchen 19 Strumpfbänder, 11 Staucherlein, 14 Strümpfe, 9 Paar Handschuhe und 257 Stränge Garns.

Zu Ratzenbach einen Filialorte von Strabsbach

bach besorgt den Unterricht in dem Industriegarten der Schullehrer, und 10 Knaben sezten bereits in demselben 118 und auf eigene Güter 51 Obstbäume.

Die Frau des Schullehrers unterweiset die Mädchen im Nähen, Stricken und Spinnen, und 5 Mädchen haben 116 Stränge Garns, 24 Paar Strümpfe, und 8 Paar angestrickte, 3 Paar Handschuhe, 1 Kopftüchlein, 1 Schürztuch, 4 Hembde nebst 3 Stränge Fadens verfertigt, so wie auch noch verschiedene Kleidungsstücke ausgebessert.

Zu Langenleicen besteht der Industriegarten in 1/4 Morgen; er ist von den Knaben umgearbeitet worden, und mit einer Mauer umgeben. 30 Knaben sezten 322 Bäume in den Garten, und 172 ausser demselben.

An Näharbeit haben 21 Mädchen 36 Hembde, 18 Röcke, 16 Halstücher, 5 Tischtücher, 22 Kopftücher und 22 Schürtze verfertigt. An Spinnarbeit haben 11 Knaben und 15 Mädchen 2 Pfund Baum- und 6 Pfund Schaafwolle, dann 64 Stücke Garns gesponnen. An Strickerey haben 6 Mädchen 9 Paar

Paar Strümpfe, 4 Paar Staucher und 2 Paar Handschuhe gestricket.

Zu Lauter wurde ein Gemeinplatz von den Nachbarn zu einem Industriegarten zugerichtet, und die Kinder beyderley Geschlechtes setzten unter Anleitung des Schullehrers im Monathe März 115 Birn-Aepfel-Zwetschgen- und Kirschenstämmchen. Dieses gute Beyspiel der Schulkinder wirkte auch auf Erwachsene. Die Ortsnachbarn haben bereits schon über 100 junge Bäume auf ihre Markung gesetzt.

Das Nähen und Stricken wird mit großem Fleiße getrieben und fortgesetzt. Als Lehrerinn hat man die Tochter des Schullehrers Margaretha Hartmännin aufgestellt, welche der männlichen und weiblichen Jugend wochentlich zweymal mit so gutem Erfolge Unterricht giebt, daß 5 Knaben 125 Stränge Garns gesponnen, und 5 Mädchen 3 neue Hembe, 17 ausgebesserte, 4 Kopftüchlein, 1 Paar Handschuhe, 2 Paar Strumpfbänder, 2 Hembkrägen verfertigt, und 72 Stränge Garns gesponnen haben.

Zu Poppenroth wurde, nach überwundener Halsstarrigkeit der Ortsnachbarn, endlich auch ein Industriegarten angelegt, worein von der Schuljugend unter

unter Anweisung des Schullehrers 139 Bäumchen gesetzt sind. So groß anfangs die Abneigung und Widersetzlichkeit der Aeltern in diesem Punkte war, so groß ist jetzt ihre Freude und ihr Eifer in Betreibung desselben. Insbesondere wird der rastlose Fleiß und das stäte Verwenden des Schullehrers hierin sehr angerühmt.

Auch das Spinnen und Stricken wird, und unter den Knaben, die zuvor in diesem Fache gänzlich unwissend waren, mit so großem Eifer getrieben, daß 8 Knaben 39 Stränge Garns gesponnen, und 5 Paar Handschuhe, 9 Paar Staucher und 2 Paar Strümpfe gestricket haben. Eben so wurden von 17 Mädchen 12 Paar neue Strümpfe, 29 Paar angestrickte, 8 Paar Handschuhe, 24 Hembe, 16 Schürze, 12 Halstücher, uud 530 Stränge Garns verfertigt. Das fleißigste und geschickteste Mädchen ist Margaretha Hergethinn. Sie spann auf einem doppelten Rade allein 109 Stränge.

Den Unterricht in dem neuangelegten Industriegarten zu Premich giebt der Schullehrer. Er ist bereits mit 372 Aepfel- und Birnbäumchen bepflanzt, und vielen Kernen besäet. Auch hat man 108 Obstbäumchen auf das Feld gesetzt. Unter den Knaben bewährte Caspar Holzheimer einen vorzüglichen Fleiß, indem

indem von ihm allein 43 Aepfel- und Birnenbäume gegraben und gesetzt wurden. Ueberhaupt kann man sagen, daß der Industriegarten im besten Flore steht, und für die Zukunft recht großen Nutzen verspricht. Als Arbeitslehrerinnen sind Anna Maria Geisinn und Anna Maria Arnoldinn aufgestellt.

Nicht nur die Mädchen üben sich in den Lehrstunden im Nähen, sondern auch die Knaben ergreifen die Stricknadel. Von den Mädchen sind 37 Hembe, 12 Hembeärmel, 19 Kopftüchlein, 12 Halstücher, 9 Schürze, 20 Paar neue und 7 Paar angestrickte Strümpfe, 40 Stücke Garns, und 30 Pfund gesponnene Baum- und Schaafwolle verfertigt worden. Die Knaben aber haben 9 Paar Strümpfe und 1 Paar Staucher gestrickt. Die zwey Schwestern Anna- und Maria Anna Geisinn sind die fleißigsten und geschicktesten aus allen, indem sie 36 Pfund Wolle gesponnen, und 12 Paar neue Strümpfe so schön gestrickt haben, daß man sie nicht schöner sehen kann.

Zu Riethenberg liegt der Industriegarten nächst am Dorfe, ist mit guter Erde angefüllt, und mit einer Mauer umgeben. Alte und junge Leute freuten sich über dieses angefangene Werk, und alles arbeitet,

tet, ihn in einen guten Stand zu bringen. Wirklich ist er schon von der Schuljugend unter Aufsicht des Schullehrers mit 115 Aepfel-Birn-Zwetschken- und Kirschenbäumen bepflanzet. Hieben haben sich Johann Adam Dorn, Franz Martin Dorn, Franz Adam Dorn und Johann Roggey ausgezeichnet, indem von ihnen allein 45 Bäumchen eingesetzt, und 44 gepelzet worden sind.

Den Winter hindurch haben die Kinder beederley Geschlechtes 54 Stücke Garns, 16 Paar neue und 12 Paar angestrickte Strümpfe, 42 Paar Strumpfbänder, 10 Paar Handschuhe, 11 Hemde, 4 Kopftüchlein, 2 Schürze, 1 Tischtuch und 2 Handtücher verfertigt.

Zu Sandberg hat man am 14ten März mit Anlegung eines Industriegartens auf das eifrigste den Anfang gemacht, und denselben mit 250 Aepfel-Birn- und Kirschenbäumen besetzt, und mit mehr als 200 Borstorfer Aepfelkernen besäet. Nebstdem sind noch 209 Obststämmchen auf das Feld gesetzt worden.

Den Unterricht im Spinnen, Nähen und Stricken haben die Frau des Schullehrers Margaretha Geisinn und Dorothea Herigenrötherinn gegen 2 Fl. quartaliter

liter mit so gutem Erfolge unternommen, daß die Schulmädchen binnen 3 Monathen 15 Paar neue Strümpfe, 19 Paar alte, 6 Paar Staucher, 1 Paar Handschuhe gestricket; 88 Stränge Garns gesponnen, dann 19 Hembe, 6 Kopftüchlein, 8 Schürze und 5 Mehlsäcklein genähet haben.

Zu Schlimmhor ist zwar ein Industriegarten angelegt, aber er ist zu klein. Die Ortsnachbarn wollen ihn bis zum Herbste erweitern. Indessen hat er einen guten Boden, und eine schöne Lage; er ist von den Schulkindern bearbeitet, in brauchbaren Stand gesetzt, und mit einem dichten Zaune umgeben worden. Drey Beete hat man mit Birn- und Aepfelkernen besäet, welche bereits aufgegangen sind, und über 500 junge Bäume hoffen lassen. Den übrigen Raum hat der Schullehrer in Gegenwart der Schuljugend mit 150 jungen Stämmchen angepflanzt.

Die Frau des Schullehrers ist gegen 2 fl. rhn. jährlichen Lohns zur Arbeitslehrerinn bestimmt, und die Schuljugend beyderley Geschlechtes hat den Winter hindurch 15 Paar Strümpfe, 6 Paar Handschuhe, 9 Paar Strumpfbänder, 4 Hauben, 4 Hembe, 2 Kopftüchlein, und 145 Stränge Garns verfertigt.

Zu

Zu **Schmalwasser** hat die Gemeinde einen Platz zum Industriegarten angewiesen, zubereitet, und umgezäunt. Der Schullehrer giebt den Unterricht in der Baumpflege, und hat bereits mit der Schuljugend 264 Bäumchen dahingesetzt; überhaupt aber sind in den Industriegarten, auf die Markung und gemeine 303 Bäume gesetzt, und 192 gepelzet worden. Hiebey hat sich Johann **Remmelt** ausgezeichnet, der 48 Bäume allein gepelzet. Die Belohnung, welche Ihro Hochfürstliche Gnaden diesem jungen Remmelt zu ertheilen gnädigst geruht haben, hat ihn und die Schuljugend so aufgemuntert, daß sie miteinander sichtbar um die Wette streiten.

Seine Hochfürstliche Gnaden haben dem Herrn Amtskeller Bodemann sowohl, als auch den Herren Pfarrern dieses Amtes, Ihr Wohlgefallen vermittelst eines gnädigsten Rescript's zu erkennen gegeben.

Aus dem Schwarzenbergischen.

Unter den jüngst verstorbenen Fürsten Teutschlands, welchen der Unterricht und die Erziehung der Jugend nahe am Herzen lag, verdient auch der höchstselige Fürst Johann von Schwarzenberg genannt zu werden. Von dem thätigen Rathe Allweyer auf einen so wichtigen Zweig seiner Regierung im Jahre 1786 aufmerksam gemacht, ließ er sich von seiner Regieeung ein Gutachten über die Mittel erstatten, durch welche die Schulen in einen bessern Stand könnten versetzt werden. Diesem Gutachten zu Folge ersuchte er den kaiserl. Normal-Schuldirektor um einen fähigen Mann, der im Stande wäre, in den Schulen Schwarzenbergs einen bessern und zweckmäßigern Unterricht einzuführen, und erhielt gegen einen Jahrgehalt von 600 Gulden den jetzigen Schuldirektor von Hortenfels. *)

Um

---

*) Als dieser vortrefliche Fürst im Jahre 1787 nach Schwarzenberg gekommen war, so wohnte er, samt der Fürstinn und den Prinzen Joseph und Karl, den Schulprüfungen zu Geißelwind und Markscheinfeld selbst bey.

Um die Kinder zu einem gründlichen Lesen anzuleiten, schrieb Hr. v. Hartenfels gleich nach seiner Ankunft ein neues Syllabirbüchlein für Kinder, in welchem er sich nach den Grundsätzen der Wiener Normal-Schulen richtete, aber auch die Wirzburger Lehre von den Grund- End- und Vorsylben annahm; weswegen alle mehrsylbige Wörter aus dem Wirzburger Syllabirbuche genommen sind. Er unterrichtete ferner mit vieler Mühe die Schullehrer des Landes, theilte die Schüler in Classen, und ließ monathliche und jährliche General-Tabellen verfertigen. Um alles Gute zu benutzen, reißte er nach Wirzburg, um die dasigen Schuleinrichtungen zu sehen. Er besuchte das Schullehrer-Seminarium, und unterredete sich mit dem dasigen Hrn. Direktor Holler. Jene Schuleinrichtungen hatten seinen Beyfall, und es wurde in den Schwarzenbergischen Schulen davon eingeführt, was sich einführen ließ. Daher sind in einigen Schulen, wo es thunlich war, die Sitze der Kinder eben so gebaut, wie zu Wirzburg. In allen katholischen Schulen wird des Abts Felbinger Kern der biblischen Geschichten gebraucht. Zum Lesen ist das Wirzburgische Lesebuch bestimmt, und zum Rechnen des Hrn. Prof. Sinner Anfangsgründe der Rechenkunst. Zum Schreiben werden die Kinder nach den Wirthischen Vorschriften angeführet, welche für die Anfänger in Columnen geschnitten, und auf steifes

Papier

Papier aufgepappet werden, damit ihre Aufmerksamkeit blos auf die Buchstaben geheftet werde, welche sie schreiben lernen sollen, und nicht schon ein ganzes Blatt verderbt seyn möge, bis sie eine andere Columne zu schreiben anfangen. Diejenigen, welche schon merkliche Fortschritte im Schreiben gemacht haben, schreiben nicht nur das Sommer- und Frühlingslied, sondern auch Briefe und moralische Erzählungen ab, welche aus Schlezens Schreibschüler, Rochows Kinderfreunde, oder aus Salzmanns moralischen Elementarbuche genommen werden. Auch werden die Kinder geübt im Schreiben dessen, was man ihnen vorsagt oder dictirt. Zum Unterricht in der Sprachlehre verfertigte Hr. Director von Hartenfels selbst eine kleine Sprachlehre, ganz nach den Grundsätzen des Hrn. Köl, und vertheilte sie unter die Schullehrer. Geographie und Naturlehre wird aus Seilers Lesebuch für Stadt- und Landschulen genommen. Uebrigens sind für jede Schule der Schreibschüler, der von Schlez umgearbeitete Kinderfreund des Hrn. von Rochows, und das Noth und Hülfsbüchlein vom Hrn. Rath Becker angeschaffet. Auch sind die sonntäglichen Schulen eingeführt. Nämlich eine Stunde vor der christlichen Lehre kommen die erwachsenen Jünglinge zusammen in die Schule, um aus Goffine die Auslegung des Evangeliums zu lesen, und dann zu schreiben und zu rechnen. Mit Indu-
strie-

strickschulen hat man den Anfang gemacht. So ist bey der Schloßschule zu Schwarzenberg die Tochter des dasigen Kanzleydieners, zu Marktscheinfeld die Frau des Cantors, und zu Geisselwind eine andere Frauensperson angestellt, die Mädchen im Stricken, Nähen und Spinnen zu unterrichten. Wie sehr auch dem jetzt regierenden Fürsten die Aufnahme der Schulen in seinen Fränkischen Besitzungen am Herzen liege, kann man zum Theile schon daraus ersehen, daß Er bey Besetzung sowohl katholischer als protestantischer Pfarrstellen vorzüglich auf solche Männer Rücksicht nimmt, welche entweder schon Verdienste um das Schulwesen haben, oder doch genug Fähigkeit und Lust zeigen, sich dergleichen zu erwerben.

Herr Kilian Welz, Dechant und Pfarrer zu Marktseinsheim, Hr. Adam Vierheilig, Kapellan daselbst, Hr. Leymeister, Pfarrer zu Geisselwind, Hr. Pfarrer und Licentiat Dürr zu Dornheim — sämmtlich Zöglinge des wirzb. Geistlichen Seminariums — verdienen vorzüglich unter den katholischen Geistlichen als Beförderer des Schulwesens in diesem Fürstenthume vor dem Publicum genannt zu werden.

Freyherr Ferdinand von Sickingen, ein merkwürdiger Beförderer des Schulwesens in dem ihm eigenen Dorfe Stadelhofen.

Das nur aus 15 Haushaltungen bestehende Dorf Stadelhofen liegt etwa eine Stunde von Karlstadt. Die Einwohner waren sämmtlich dürftig und arm, und eben deswegen von allen angränzenden Nachbarn verachtet. Ein benachbarter Geistlicher kam, gegen eine gewisse jährliche sehr kleine Gebühr, nur alsdann zu ihnen, wenn ein Kind zu taufen oder ein Kranker mit den heil. Sacramenten zu versehen war. Für den Schullehrer hatten sie keine Wohnung; sondern ieder gab ihm wochenweise Quartier und Kost, und dieß Quartier war auch die Schulstube. Dazu kamen noch jährlich 8 fl. fränk. Man kann sich leicht denken, was für ein Lehrer das möge gewesen seyn, der mit einem solchen Salarium vorlieb nahm; und wie es mit dem Unterrichte und der Bildung der ihm anvertrauten Jugend möge ausgesehen haben.

In dieser mißlichen Lage kam das Dorf in die Hände des Freyherrn Ferdinand von Sickingen, Domkapitulars und Kammerpräsidentens zu Wirzburg. Der neue Gutsherr wollte seine Unterthanen glücklich machen. Daher kam er denn öfters zu ihnen, um ihre Lage mit eigenen Augen kennen zu lernen. Beym ersten Besuche fiel es ihm sehr auf, daß Alte und Junge vor ihm flohen und sich versteckten. Er sah dies als ein sehr schlimmes Zeichen an, und eine nähere Untersuchung bewies nur zu sehr, daß sein Argwohn gegründet war. Er ließ vors erste den Schullehrer zu sich rufen, wies ihm, statt der bisherigen wandelbaren, eine beständige und geräumige Wohnung zum Schulhalten an; munterte ihn durch Vorstellungen und Geschenke auf, die Jugend, so gut als möglich, zu unterrichten; befahl den sämmtlichen Unterthanen aufs strengste, dem benachbarten Pfarrgottesdienste, namentlich demienigen Theile, in welchem der Catechismus ausgelegt wird, unausgesetzt beyzuwohnen. Allein der Schullehrer war, wie man bald merkte, selbst unwissend; die Kinder blieben an Sonntägen, um des weiten und schlimmen Weges willen, sehr oft zu Hause: mithin mußten, wenn die vorgehabte Reformation durchgesetzt werden sollte, wichtigere Anstalten getroffen werden. Der großmüthige Freyherr von Sickin-

Sickingen traf sie, ohne sich lange darüber zu besinnen. Er stellte von dem Seinigen den Schulfond so her, daß ein Schullehrer davon leben konnte. Einem jungen Mann, der einige Jahre als Cantor in der Nachbarschaft gestanden, und schöne Zeugnisse für sich hatte, ließ er auf seine Kosten im Schulseminarium unterrichten, und stellte ihn dann der Gemeinde als Lehrer auf. Er schaffte demselben aus seinem Beutel eine Schulbibliothek; den Kindern ließ er ohne Unterschied die nöthigen Bücher, auch sogar die Schreibmaterialien, reichen, und versprach jedem Kinde, das sich zuerst in irgend einem Fache besonders hervorthun würde, eine merkwürdige Belohnung. Das machte nun freylich die Kinder eifrig, so, daß sie gleich im ersten Jahre des neuen Schulunterrichts bewundernswürdige Fortschritte machten. Der Umstand, daß sein damaliger Hauskapellan — der biedere und geschickte Herr Geissendörfer — an Sonn- und Feyertagen in Stabelhofen predigte und katechisirte, trug zur Cultur des Lehrers und der Schüler nicht wenig bey. Dieser gesegnete Erfolg der getroffenen Anstalten freute natürlich den Urheber derselben sehr: doch beunruhigte ihn oft der Gedanke, daß vielleicht nach seinem Tode aus Mangel eines eigenen Seelsorgers das ganze Schulwesen wieder in's Stekken

ken gerathen möchte, und machte, nebst andern edlen Beweggründen, den Entschluß in ihm rege, für seine Uuterthanen eine eigene Pfarrey zu stiften. Binnen zweyen Jahren war die ganze Stiftung in Ordnung, die als ein wahres Muster von einer Stiftung dieser Art kann angesehen werden. Der Pfarrer, dem er bey seiner Einführung in die Pfarrey die Sorge für die Jugend auf das nachdrucksamste empfahl, muß jährlich in seiner Gegenwart dieselbe prüfen. Bey der ersten Prüfung stürzten ihm häufige Thränen aus den Augen, die ihn unter Darreichung seiner wohlgespickten Geldbörse nur die Worte sagen liessen: Da, Herr Pfarrer, theilen Sie aus. Befindet er sich im Dorfe, so trift man ihn, ehe man sichs versieht, in einem Zirkel von Kindern, die er fragt: und wenn sie ihm dann naiv und geschickt antworten, so gewähret ihm dieß unaussprechliches Vergnügen. Oede Plätze ließ er in die schönsten Gärten umschaffen, um der Jugend Gelegenheit zu geben, sich in der Baumzucht zu üben. Wirklich stehen über 1000 der schönsten Bäume von den besten Obstsorten, die zum Theile schon Früchte tragen. Die Industrie hat überhaupt im besagten Dorfe so zugenommen, daß die Güter iezt noch einmal so viel, als sonst, tragen. —

Diese

Diese Industrieschule ist gewiß sehr einladend zur Nachahmung. Schüler, die so unterrichtet aufwachsen, werden gewiß einst in ihrer Haushaltung Bäume ziehen und Baumschulen anlegen, um nicht nur die schmackhaftesten Früchte sich auf eine so leichte Art zu erwerben, sondern auch der Ausstattung ihrer Kinder eine sehr gute Zugabe beylegen zu können.

Ueber die Entstehung, den Fortgang und den gegenwärtigen Bestand der Industrieschulen in dem Hochstifte Wirzburg.

Kaum hat irgend eine gute Anstalt so viel Theilnahme und Beyfall bey allen Klassen des Volks gefunden, als die Einführung der Industrieschulen. Zwar sträubt sich der Landmann gegen iede Neuerung, und hält es der Mühe nicht werth, die gute oder schlimme Seite einer neuen Anstalt zu prüfen, weil er unter derselben ein neues Joch, das der Staat ihm aufbürden will, zu sehen wähnt, ein Joch, das ieder gerne von sich entfernet, ohne eben die Art desselben prüfen zu wollen. Allein, so so wie der Nutzen der Industrieschulen sogleich auf die äusserliche Sinne wirkte, und der Landmann das Kind, das sonst entweder in einer anbauernden Trägheit, oder einem beständigen Muthwillen heranwuchs, nun zu Hause, auf der Strasse, und dem Felde beschäftiget sah, so gewannen die Industrie-Anstalten den Beyfall nicht sowohl, als sie denselben vielmehr erzwangen.

Man wird sich wundern, daß ich den wirklichen Bestand der Industrieschulen in dem Hochstifte Wirzburg schon gleichsam voraussetze, da doch erst neulich in dem Journale von und für Franken *) der Nichtbestand derselben als ausgemacht angenommen, und deßhalb die Frage aufgeworfen wurde, welche Hindernisse dem Aufkommen der heilsamen Industrieschulen entgegen stehen möchten? Allein, da ich Gelegenheit hatte, das Industrie-Wesen in dem ganzen Lande zu überschauen, und mich erbiethe, weiter unten die Beweise meiner Behauptung zu liefern, so hoffe ich, das inn- und ausländische Publikum werde mir eher Vertrauen schenken, als einen unberufenen und namenlosen Skribenten, welcher vielleicht das Industriewesen des

---

*) B. II. Heft II. IV. V.

des Hochstiftes Wirzburg nur von einem, oder dem andern Orte kennt, und in einer Aufwallung übler Laune daſſelbe mit Unglimpfe zu beurtheilen für gut fand.

Ich faßte zwar ſchon lange den Entſchluß, dem Publikum von dem Erfolge der getroffenen Induſtrieanſtalten Rechenſchaft zu geben. Allein die Ausführung dieſes Entſchluſſes ſollte noch einige Zeit verſchoben werden, wo ich mit Grunde hoffen konnte, dem Publikum ſo ausführliche Data vorlegen zu können, daß es im Stande geweſen wäre, nicht nur allein über das Induſtriewesen in dem Hochſtifte überhaupt, ſondern auch in den einzelnen Aemtern und Ortſchaften zu urtheilen. Da aber der obgedachte Scribent in dem Journal von und für Franken ſchiefe, und irrige Ideen über den Fortgang des Induſtriewesens zu verbreiten ſucht, ſo eile ich, die Ehre meines Vaterlandes, und ſo vieler patriotiſch-thätiger Männer zu retten, deren Bemühungen den beſten Abſichten unſeres weiſen und groſſen Fürſten in Beförderung der Induſtrieanſtalten vollkommen entſprochen haben. Ich werde demnach

I. Von der Entſtehung der Induſtrieſchulen in dem Hochſtifte Wirzburg,

II. Von

II. Von den Mitteln, dieselben auf dem Lande zu errichten;

III. Von dem gegenwärtigen Bestande, und

IV. Von dem iezt schon sichtbaren Nutzen derselben in möglichster Kürze handeln.

I. Entstehung der Industrieschulen.

Lange schon waren in der Residenzstadt sowohl, als in manchen Ortschaften des platten Landes die sogenannten Mädchen-Schulen in eine solche Verfassung gebracht, daß die Schülerinnen nicht nur allein den Litterar-Unterricht genossen, sondern auch in allen ihrer Bestimmung angemessenen Handarbeiten den nöthigen Unterricht erhielten. Unter mehrern, einer besondern Erwähnung würdigen, will ich nur die mir besonders bekannt gewordenen Schulen zu Limbach und Ebern anführen, um deren erste sich der jetzige Pfarrer zu Prölsdorf Herr Fritz, um die andere aber Herr Kaplan Kolb, nun Pfarrer zu Dipach, sehr verdient gemacht haben.*)

---

*) So wurden in der einzigen Schule zu Ebern vom Dezember 1787. bis den 17ten März 1788.
 66 Paar grössere Strümpfe
 26 ——— kleinere Strümpfe

Diese in der Residenzstadt sowohl, als hie und da auf dem platten Lande schon bestehende Einrichtung erweckte bey Sr. Hochfürstlichen Gnaden den Wunsch, die Industrieschulen allgemein in dem Lande eingeführt zu sehen, und zugleich die Erwartung, daß, wenn zweckmäßige Vorkehrungen getroffen werden würden, diesem billigen und schönen Wunsche ein eben so schöner Erfolg entsprechen werde.

Dieser lange schon gefaßte Gedanke gedieh endlich zu seiner Reife, nachdem Herr Ferdinand Kindermann, Ritter von Schulstein, Probst von Wescherad, nunmehr Bischof zu Leutmeritz in einer Druckschrift die Entstehungs- und Verbreitungsart der Industrieanstalten in den Volksschulen des Königreichs Böhmen öffentlich bekannt machte.*)

Diese

---

85 —— grosse Staucher
36 —— kleine Handstaucher
41 —— Handschuhe
22 Haarbänder von den Schülerinnen neu verfertiget und
102 Paar alte Strümpfe angestrickt.

*) Einladung zur 25sten öffentlichen Prüfung der Schüler an der K. K. Normalschule in der königl. kleinern Residenzstadt Prag S. 28.

Diese Druckschrift wurde der Fürstl. Schul-Commißion dahier unter dem 14ten Februar 1789. mit dem Bedeuten mitgetheilt, um vorzüglich die das Industriewesen betreffenden Stellen in genaue Erwägung zu ziehen; und sofort ihr Gutachten über die Einführung der Industrieanstalten in dem Hochstifte zu erstatten.

Es war von der guten Sache an und für sich, und von den aufgeklärten Gesinnungen der Fürstlichen Schulkommißion zu erwarten, daß sie ihrer Seits die Ausführung der Landesherrlichen Absichten nach ihren Kräften unterstützen würde. Der erste hieburch veranlaßte Schritt war, daß von sämmtlichen Seelsorgern und Beamten auf dem Lande allenthalben Industrieschulen angelegt werden könnten. Allein, noch ehe die zu erstattenden Berichte eingekommen waren, fand man für nöthig, den Gesichtspunkt, woraus der richtige Gegenstand des Industrieschulwesens betrachtet werden muß, bestimmter und näher anzuzeigen, um den Männern, welche für die Erziehung der Landjugend unmittelbar zu sorgen haben, eine bestimmte und gleichförmige Richtschnur an Handen zu geben, wornach sie sich in Einführung der Industrieschulen sowohl, als den diesfalls zu erstattenden Berichten, zu bemessen hätten.*)

*) Verordnung vom 26ten May 1789.

Hiemit ließ man zugleich, was Rittea von Schulstein von der Entstehungs und Verbreitungsart der Industrialklassen in den Volksschulen des Königreichs Böheim geschrieben hatte, durch den öffentlichen Druck bekannt machen, und forderte in Beziehung auf das, was in Böheim geschehen war, sämmtliche Lands- und Orts-Vorstände auf, in den ihnen übergebenen Aemtern, und Ortschaften ähnliche Versuche zu wagen.

Diese Versuche wurden in den meisten Aemtern des Hochstifts angestellt. Die Industrie-Anstalten gewannen bald so großen Fortgang, daß die weibliche Jugend fast alle Gattungen Handarbeiten unter der Aufsicht eigends bestellter Lehrerinnen zu treiben anfieng, das Stricken, selbst unter der männlichen Jugend, Mode ward, Gemüße und Baumgärten aus ehemals öde gelegenen Feldern entstanden, oder die Straßen mit allerhand Arten von Bäumen bepflanzt wurden. In manchen Orten schien man beynahe das sonst fast allgemein eintreffende Gesetz, vermöge dessen kein Werk in seinem Anfange schon vollkommen seyn kann, zu überschreiten. In anderen Orten aber erlebten auch die Industrie-Anstalten das gewöhnliche Schicksal aller neuen Anstalten. Man that bald zu wenig bald zu viel; Manches geschah oder unterblieb aus Mißverständniß, aus Vorurtheil, aus

Mangel an zweckmäßiger Thätigkeit, oder aus Unkunde. Es wurde demnach Bedürfnuß durch eine neue belehrende Verordnung, gewisse Mißverständnisse zu berichtigen, gewisse Vorurtheile zu bestreiten, die Thätigkeit mancher geistlicher und weltlicher Vorsteher anzufachen, und manche erst gehörig aufzuklären. Dieß geschah wirklich, *) und siehe! das Industrie-Wesen machte sichtbare Fortschritte, so daß man in dem Jahre 1791 behaupten kann, daß wirkliche Industrie-Schulen auf dem platten Lande und in Städten bestehen. Der Umfang des Industrial-Unterrichts aber verbreitet sich auf Nähen, Stricken, Klüpfeln, Spinnen u. d. gl., auf den Gartenbau, und die Baumzucht, wie auch andre, gewissen Localen Verhältnissen angemessene, Anstalten.

Was II. die Mittel betrift, wodurch man die besagten Industrie-Schulen zu verbreiten suchte, so gehören hieher,

1.) Die obgedachten Verordnungen, wodurch man hauptsächlich die geistlichen und weltlichen Vorsteher über die Anstalten, welche man getroffen zu seyn wünschte, aufzuklären suchte.

2.) Stell-

---

*) Verordnung vom 14 Junius 1790.

2.) Stellte man, ohne eben große Kosten zu machen, Lehrerinnen auf, deren Stelle bald die Ehefrau eines Schullehrers übernahm, bald eine andere geschickte und wohlgeartete Person. Zum Unterrichte in der Baum- und Bienenzucht, wie auch in dem Gartenbaue, verstand sich bald ein oder der andere Dorfsnachbar, bald der Schullehrer selbst; bald wurden besondere Gärten auf und angenommen.

3.) Sobald das Personale gehörig aufgestellt war, suchte man das Interesse der Aeltern und das Vergnügen der Jugend zu erwecken. Das Interesse der Aeltern ward rege gemacht durch den Nutzen, den sie bereits schon aus den Arbeiten ihrer kleinsten Kinder hernehmen konnten, und durch die Benutzung des Selbstgefühls derselben, welches ihnen in ihren geschickten und thätigen Kleinen nothwendig einen hohen Grad von Vergnügen gewähren mußte. Das Vergnügen der Kinder erwachte von sich selbst, durch die Gesellschaft, in welcher gearbeitet wurde, durch die Abwechslung des Litteratur- und Industrie-Unterrichts, durch das Bestreben einander vorzukommen, und durch die Hofnung einer geheimen oder öffentlichen Belohnung. Auf diese Art schaften die Aeltern gerne Arbeits-Materialien an, und wer sie aus eigenen Kräften nicht anzuschaffen vermogte, erhielt die-

dieselben von den nun überall bestehenden Armen-Cassen. Ich übergehe hiebey:

4.) Alle jene kleine Kunstgriffe, welche zwar an und für sich unbeträchtlich scheinen, jedoch in Beziehung auf das Ganze sehr beträchtliche Wirkungen hervorbringen, und vorzüglich den Seelsorgern, welche den Menschen im Detail zu beobachten und zu behandeln haben, bekannt sind, oder doch bekannt seyn sollten. Diese Kunstgriffe zu erzählen, würde einer Seits zu weitläufig, anderer Seits aber nicht interessant seyn. Ich übergehe also dieselben dahier, und überlasse die Anführung und Beschreibung den Männern, welche dereinst einzelne Industrie-Schulen dem Publikum in diesem Magazine schildern werden. Unbemerkt kann ich aber

5.) Nicht lassen, daß Zwang in dem ganzen Plan der Mittel keineswegs oder doch nur als äußerstes Mittel aufgenommen wurde. Man sah es zu deutlich ein, daß die gewöhnliche Abneigung des Landmannes vor jeder Neuerung mehr Nahrung erhalten würde, wenn man sogleich mit Zwangsmitteln die Absichten des Landesherrn durchzusetzen suchen wollte. Es giebt freylich gewisse Gattungen von Reformation, welche bey dem ersten Anblicke Zwang zu erfordern schei-

scheinen; und wenn man ihn irgendwo wohlthätig nennen kann, so könnte vielleicht derselbe bey Einführung der Industrie-Anstalten wohlthätig genannt werden. Allein die Erfahrung lehrte auch, daß Zwang der guten Sache jederzeit mehr Schaden als Nutzen gebracht habe. Man machte es daher den Beamten zum besonderen Gesetze, vorzüglich mit Beyhülfe der Seelsorger vorerst auf den Verstand des Landmannes zu wirken, d. h. demselben begreiflich zu machen, was man eigentlich für Zwecke und für Absichten bey Einführung der Industrie-Anstalten habe. Und, gleichwie man schon zum voraus wußte, daß die wirzburgische Nation gutmüthig, eingenommen für ihren Landesherrn, und zum Guten lenkbar sey, *) wenn man nur nicht mit Zwange verfahren, sondern sie gehörig aufklären würde, so konnte man sich auch ohne Zwang einen guten Erfolg versprechen. Dieser gute Erfolg ward auch ohne Zwang durch die Erfahrung bewährt. Wogegen aber in manchen Ortschaften, in welchen der Beamte von seiner Amtsstube aus die Industrie-Anstalten einführen wollte, und wohl gar die Einführung derselben

---

*) Eben so ist der gutmüthige Baier, der industriöse Oberpfälzer, und der treuherzige fleißige Schwabe.

selben unter Bedrohung der Strafe geboth, der Seelsorger aber die Pfarrkinder weder belehrte, noch selbst Hand an dem guten Werke anlegte, Widersetzlichkeit und Unthätigkeit wahrgenommen wurde.

Nachdem ich nun die Entstehungs-Geschichte der Industrie-Schulen in dem Hochstifte Wirzburg, und die Mittel zur Emporbringung derselben im kurzen vorgelegt habe, so läßt sich

III. der würkliche Bestand der Industrie-Schulen

desto leichter beurtheilen. Wenn ich aber von dem wirklichen Bestande der Industrie-Schulen rede, so kann ich zwar nicht voraussetzen, daß die Industrie-Anstalten in jedem Amte, und in jedem Orte, schon wirklich eingeführt seyen. Gleichwie aber in den meisten Aemtern schon durchgängig die heilsamen Industrie-Anstalten blühen, und in allen Aemtern wenigstens ein und das andere Ort schon wirkliche Industrie-Schulen hat, so wird es mir erlaubt seyn, ohne Rücksicht auf einige Ausnahmen den Bestand der Industrie-Schulen für das ganze Hochstift annehmen zu dürfen.

Dieß

Dieß vorausgesetzt ist der Bestand der Industrie-Schulen folgender:

1.) Zum Industrie-Unterrichte sind die gewöhnlichen Spieltäge, und in verschiedenen Orten auch eine, oder zwey Stunden vor, oder nach dem Litterar-Unterrichte gewidmet.

2.) Zur Besuchung dieser Unterrichts-Stunden werden alle Kinder vom sechsten bis zum zwölften Jahre angehalten.

3.) Die weibliche Jugend erhält im Spinnen, Sticken, Nähen, Klöpfeln u. dgl. Unterricht. Nach der Verordnung vom 14 Junius 1790 sollten derselben auch Kenntnisse von leichteren Garten-Arbeiten, und Pflanzungen beygebracht werden. Bis hieher aber hat dieser Unterricht zwar einigen, doch keinen so großen Fortgang gewonnen, als der Unterricht in den obgedachten Handarbeiten, theils weil es bald an bequemen Plätzen fehlte, theils an Leuten, welche diese Kenntnisse gehörig beyzubringen wußten.

4.) Auch die männliche Jugend sollte hauptsächlich im Stricken Unterricht erhalten. Gleichwie aber in der Verordnung vom 12 Junius 1790 der Grund dahin

dahin angegeben worden ist, damit sich auch die männliche Jugend bey dem Viehhüten, und in andern Arbeitsfreyen Stunden noch einen Nebenverdienst zu verschaffen im Stande seyn möge, so wurde zwar zur Regel angenommen, daß die männliche Jugend, wie die weibliche, im Stricken zu unterrichten sey; jedoch glaubte man, die reicheren Knaben eben nicht gerade mit Strenge hiezu anhalten zu müssen. Die ärmern aber werden hiezu in vielen Aemtern wirklich angehalten; und wo dieß bis hieher noch nicht in Ausübung gesetzt worden ist, sind hiezu bereits die nöthigen Weisungen an die Behörden abgegangen. Hauptsächlich aber besteht der Industrie-Unterricht der Knaben in Pflanzung verschiedener Bäume, wozu in den meisten Ortschaften, entweder ganz eigene Plätze von den Gemeinden bewilliget, oder die Straßen und Wege hiezu benutzt worden sind.

5.) Die Materialien und Instrumente werden den Kindern von den Aeltern, und wenn sie arm sind, von der Orts-Armen-Commission angeschaft. Im ersten Falle gehören die gefertigten Arbeiten den Kindern, wenigstens der Gewinn, oder, wenn sie der gefertigten Arbeiten selbst bedürftig seyn sollten, auch die Arbeiten selbst.

Um nun den Fortgang der Landjugend in den angeführten Arbeits-Gattungen strenge beweisen zu können, würde erforderlich seyn, die Anzahl der arbeitenden Schuljugend, und die gefertigten Arbeiten in jedem Amte kennen zu lernen. Da sich aber bey einer solchen Operation nicht gleich in den ersten Jahren eine durchgängige Gleichförmigkeit erwarten läßt, sofort von manchen Ortschaften theils keine Arbeits-Verzeichnisse eingesendet worden sind, theils auch die Anzahl der Schuljugend selten angeführt worden ist: so läßt sich von dem wirklichen Bestande der Industrie-Schulen aus den Arbeitsverzeichnissen nur ein unvollkommenes Urtheil fällen. Soviel aber wird sich, wie mir dünkt, aus den nachfolgenden Daten ergeben, daß wirkliche Industrie-Schulen in dem Hochstifte Wirzburg bestehen.

Was vorerst die Handarbeiten betrift, so läßt sich, nach Maßgabe der eingekommenen Berichte, in einem noch mäßigen Durchschnitte annehmen, daß in dem Fürstlichen Hochstifte Wirzburg von Kindern von sechs bis zwölf Jahren 10000 Paar Strümpfe gestrickt, und beynahe so viel angestrickt worden seyen. In der Stadt Kissingen, als einem Curorte, haben die Kinder sogar acht Paar seidene Strümpfe verfertiget. Hiezu kommen noch auf das wenigste 1800 Paar

Paar Handschuhe, worunter sich auch seidene befinden, 2000 Hember, 1000 Paar Handstaucher. Das durch das Spinnen der Kinder gewonnene Tuch, worunter die Tochter des Schullehrers zu Büttharb allein 50 Ellen gesponnen hat, die vielen verfertigten Hauben, Mützen, Schürze, Taschen, Strumpfbänder, Uhrbänder, Cordeln, und andere Artickel der Local-Industrie, machen gleichfalls keine unbeträchtliche Summe aus.

Anbelangend die Anlegung der Industrie-Gärten, und die Kinder in besseren Grundsätzen des Feldbaues, in der Baumzucht, und dem Gemüße-Pflanzen zu unterrichten, so wird es kaum ein Amt in dem Hochstifte geben, wo nicht wenigstens in einem und dem anderen Orte wirkliche Industrie-Gärten angelegt wären. In Kitzingen ist sogar ein künstlicher Garten angelegt, und der Aufsicht eines besonderen Gärtners übergeben. Vortreflich sind die Anlagen zu Stadt Volkach, Iphofen, Prölsdorf u. dgl. In andern Orten sind wenigstens die Plätze zu Industrie-Gärten schon bewilligt, oder doch, und fast durchgehends, die gemeinen Wege und Strassen mit Bäumen bepflanzt. So sind z. B. in dem einzigen Amte Hornburg am Mayn 2637 junge Bäume in einem einzigen Jahre gesetzt worden. Bey dieser Lage der Sachen, dächte ich, konnte man ohne Unbilligkeit die

Richt-

Nicht-Existenz der Industrie-Schulen als ausgemacht in dem Journale von und für Franken nicht voraussetzen. Diese Nicht-Existenz der Industrie-Schulen kann zwar von einem oder dem andern Orte behauptet werden; allein der Schluß von einigen auf das Ganze ist eben so irrig, als unbillig, zumal da es in Orten, wo die Industrie-Schulen noch nicht empor kamen, jederzeit besondere Local-Hindernisse giebt, die nicht in einem Jahre gehoben werden können. Hier setzt sich der Ganerbinat, dort die Armuth der Gemeinheiten, anderswo ein Vorurtheil, oder die Unthätigkeit der Ortsvorstände, entgegen. In vielen Gegenden scheint es fast nicht einmal nöthig, besondere Industrie-Schulen anzulegen, in Gegenden nämlich, wo fast ein jedes Haus eine besondere Industrie-Schule ist, wie z. B. in dem Amte Hilters. Weil es indessen doch allerdings nützlich ist, die Industrie der Kinder unter der öffentlichen Aufsicht zu leiten, theils damit kein Individuum sich dem Müßiggange zu ergeben vermöge, theils damit unvorsichtige Aeltern den Kindern nicht mehr aufbürden, als ihre noch zarten Körper zu ertragen im Stande sind: so hat man in Ortschaften, wo die Industrie schon zur Genüge selbst unter der Jugend im Flore ist, die Veranstaltung getroffen, daß die geistlichen und weltlichen Ortsvorsteher dießfalls genaue Aufsicht tragen, und

die

die Verzeichnisse der gefertigten Arbeiten jährlich zur Fürstlichen Schul-Commission einsenden. Wer übrigens diesem getreuen, aus den Akten gezogenen Berichte nicht glauben will, den muß ich zu einem selbsteigenen Augenscheine hiemit einladen; und zwar um so mehr, als fast ein jedes Amt in seiner Industrie-Schulen-Einrichtung etwas eigenes hat. Zu diesem Ende darf ich jeden hauptsächlich auf die Aemter Aub, Bütthard, Ebern, Grünsfeld, Hardheim, Heydingsfeld, Hofheim, Homburg am Mayn, Iphofen, Karlstadt, Kissingen, Kitzingen, Lauda, Marktbibart, Neustadt an der Saal, Oberschwarzach, Proselsheim, Rottenfels, Schlüßelfeld, Volkach u. dgl. verweisen. Noch eines muß ich bemerken, daß man nämlich auch nicht unterlassen habe, die Industeie der Kinder durch Prämien zu befördern. Verschiedene geistliche und weltliche Vorsteher haben aus eigenem Beutel verschiedene kleine Geschenke ausgesetzt, welche dem fleißigsten Kinde zu Theil werden, und bald in Gelde, bald in Büchern. z. B. dem Noth- und Hülfsbüchlein, oder auch in andern für den Landmann verständlichen und brauchbaren Büchern bestehen. Bald wird auch der Bedacht dahin genommen, armen, aber fleißigen Kindern die nöthigen Kleidungsstücke anzuschaffen, zumahl da bald die Armen-Commissionen hierzu di Hände biethen, bald die Milde unsers gnädigsten Fürsten eintrit, bald mit dem schon hie und da existirenden Industrie-Fond so vortreflich hausgehalten wird, daß er allerdings zur Bestreitung dieser kleinen Ausgaben genüget. *) Werden der Fürstlichen Schul-Commission einige Kinder besonders angerühmt, so belohnt auch sie den Fleiß mit kleinen Gaben, welche destomehr Eindruck machen müssen, je feyerlicher die Scene veranstaltet wird, bey welcher dieselben gereicht werden. So viel von dem gegenwärtigen Bestande der Industrie-Schulen in dem Hochstifte Wirzburg. In dem folgenden Jahre hoffe ich dem Publikum noch ausführlichere Data vorlegen zu können. Noch bleibt mir übrig,

IV. Von

---

*) So brachte man z. B. in dem Amts-Sitze Oberschwarzach theils durch freywillige Beyträge, theils durch Schankung Sr. Hochfürstl. Gnaden einen kleinen Fond zu 47 fl. 7 1/2 Batzen fr. zusammen. Hievon erkaufte man 30 Strickzeuge, Garn, Wolle, Flachs, Werrig, 2 Wollenspinnräder, 2 Wollen-Weifen, 8 Spinnräder mit doppelten Spulen, und 11 Pfund gekämmte und zubereitete Wolle. Nebst dem schickte man ein Mädchen hieher in das Arbeitshaus, um es in dem Wollen Spinnen unterrichten zu lassen, und bezahlte aus dem nämlichen Fond für sie Kost und Quartier. Und doch blieben zuletzt noch 12 fl. übrig, die man der Armen-Casse übergab, um sie benöthigten Falls für die Industrie-Schulen zu verwenden.

IV. Von dem jetzt schon sichtbaren Nutzen der Industrie-Anstalten

die gehörige Rechenschaft zu geben. Ich enthalte mich hier, von dem Nutzen der Industrie-Schulen im Allgemeinen zu sprechen, zumal da derselbe in der oben Seite 14. unter Buchstab b angezeigten Ritter von Schulsteinischen Schrift schon anschaulich genug dargestellt, und dem Publikum mittelst eines der Verordnung vom 26ten May 1789 beygelegten Auszugs aus dieser Schrift gleichfalls bekannt gemacht worden ist. Ich will also nicht von dem wichtigen Einflusse sprechen, welchen die unter den Kindern eingeführte Industrie auf ihre moralische Bildung hat, und haben muß; nichts von der Vermehrung des Staats-Vermögens, welche sich nothwendig dadurch ergiebt, daß nun die Kinder um mehrere Jahre früher anfangen, etwas zu verdienen, und die Kinder, welche auch ehedem etwas verdienten, nunmehr ihren Verdienst bey weitem höher treiben können; nichts von der Vermeidung vieler Sünden und Laster, in welche sonst die unerfahrnen Hirten und andere Landleute in müßigen Stunden, welche sie nun mit allerhand Arbeiten auszufüllen lernen, gestürzt wurden; nichts von der Veredlung des Ackerbaues, welche nothwendig mit der

Zeit erfolgen muß, da nunmehr schon die Kinder Unterricht in den besseren Grundsätzen, nach welchen der Akkerbau getrieben werden muß, erhalten; nichts von der Vermehrung des Obstertrags, und überhaupt von der Vereblung der Baumzucht. und dergl. Lauter Vortheile, welche sich erst in der Folge in ihrem vollen Umfange ergeben werden. Gegenwärtig ist schon

1.) der sonst unter den Kindern von geringerem Alter zu allen Zeiten des Jahres, und der unter größeren Kindern wenigstens zu gewissen Zeiten herrschende Müßiggang abgestellt.

2.) Das auf dem platten Lande fast durchgängig bestehende Armen-Institut wird durch die Industrie-Anstalten ungemein unterstüzt und erleichtert, da einer Seits die Kinder, welche sonst zum Betteln ausgeschickt wurden, gegenwärtig selbst mit Zwangsmitteln zum Arbeiten angehalten werden, anderer Seits aber die Kinder, welche sonst aus Abgang des Verdienstes zur ersten Klasse geeigenschaftet gewesen wären, nunmehr nur in die zweyte Klasse gesezt werden müßen.

3.) Viele für den Landmann nothwendige Bedürfniße, als Strümpfe, Handschuhe, Staucher ꝛc.
werden

werden nunmehr den Aeltern schon wirklich von ihren Kindern geliefert, oder sie können doch dieselben um wohlfeile Preise in ihren eigenen Ortschaften erkauffen. Hieraus ergiebt sich ein mannigfaltiger Nutzen. Ehedem mußten diese Bedürfuiße zum Theile auf fremden Jahrmärkten erkauft, oder den herumziehenden Hausierern um schweres Geld in fremdherrischen Gebieten abgenommen werden. Die bey Besuchung der Jahrmärkte sonst gewöhnlichen Zechen und Schmausereyen, samt allen ihren üblen Folgen, beginnen nachzulassen, und der Landmann hat noch den Vortheil, die obgedachten Bedürfnisse um wohlfeilere Preise in seiner eigenen Heimat zu haben. Freilich haben alle diese Vortheile noch nicht überall, und im vollen Maße statt. Allein aus den Berichten mehrerer Beamten und Pfarrer, aus verschiedenen Gesprächen, welche ich mit allerhand mir sonst unbekannten, und eben darum freymüthigen und unpartheyischen Landleuten gepflogen habe, und aus den immerhin lauter werdenden Klagen der herumziehenden Hausirer, welche ihren geringen Absatz selbst den Industrie-Schulen zuschreiben, glaube ich doch, behaupten zu dürfen, daß der Anfang gemacht, mithin der Nutzen der Industrie-Schulen dießfalls schon sichtbar sey.

E 5   4.)

4.) Die Industrie-Schulen gaben die Veranlassung, daß manche sonst öbe gelegenen Plätze angebaut, oder doch übelverwendete nunmehr besser und zwekmäßiger benutzt werden.

5.) Endlich gereicht es der Wirzburger Nation zum besondern Ruhme, daß sie bey Einführung der Industrie-Anstalten so rein- patriotische Gesinnungen gezeigt, und mit ihren Handlungen bewährt hat. Es sind daher die Industrie-Anstalten schon um deßwillen als ein wahres und großes Gut anzusehen, daß sie diese Gesinnungen, wo nicht hervorgebracht, doch gewiß erwecket haben. Der Patriotismus zeigte sich schon thätig in manchen nicht unbeträchtlichen Vermächtnißen; er äußerte sich unter den Landleuten, wie unter ihren Vorstehern. Da gaben einige Ortsnachbarn Unterricht im Baumpflanzen und Pelzen: dort giebt ein Pfarrer, ein Schullehrer seinen eigenen Garten zum Gebrauche für die Industrie-Schulen her. Bald schaffet ein Beamter, oder Pfarrer aus seinem eigenen Vermögen Materialien und Preise für die fleißigsten Knaben oder Mädchen an. Bald unterrichtet die Gemahlin eines Beamten, eines Physikus u. d. gl. ohne sich der gewiß rühmlich übernommenen Rolle einer Schullehrerin zu schämen, die Kinder in den Hand-

Handarbeiten, und ſucht auf dieſe Art ſelbſt eine Pflanzſchule für künftige Induſtrie-Lehrerinnen zu bilden. Dieſe ſchönen bereits bekannt gewordenen Thaten machen fürwahr die Ausſichten in die künftigen Zeiten angenehm, und laſſen mit Grunde die größten Vortheile hoffen, da die bereits ſchon ſichtbaren Vortheile nicht unbeträchtlich genannt zu werden verdienen.

Wenn alſo der Verfaſſer des obgedachten Aufſatzes in dem Journale von und für Franken mit dem angeblichen Vorwand des Herrn Domprediger Winter, oder ein Anderer, oder Niemand geſagt haben, daß man immer von Induſtrie ſpreche, und doch immer mehr Ausſchatzungen erlebe: ſo iſt dieſe angebliche Erfahrung falſch, oder, wäre ſie auch wahr, doch keineswegs von der Art, um damit den ſchlechten Beſtand des Induſtrie-Schulweſens zu beweiſen. Falſch iſt ſie, weil, wenn man die Summe der Ausſchatzungen vom Anfange des Jahrs 1779 bis Ende 1783 mit der Summe der Konkurſe vom Anfange des Jahrs 1784 bis Ende 1788 vergleicht, ſich die erſte zur lezten wie $1\frac{103}{274} : 1$, verhält; mithin ſich die Summe der Konkurſe in den lezten fünf Jahren offenbar vermindert hat; überhaupt

haupt aber dem Prüfer der Ausschatzungen die tröstliche Bemerkung nicht entgehen kann, daß ansehnliche Konkurse wirklich seltner zu werden anfangen. Gesezt aber, die Bemerkung sey wahr, so würden die Industrie-Anstalten deßwillen nicht verwerflich seyn, noch allenfalls hieraus geschlossen werden können, daß dieselben bisher keinen Fortgang gehabt, und keinen Vortheil gewährt hätten. Ausbrechende Konkurse setzen entweder schon eine alte Lüderlichkeit zum voraus, oder einen plözlichen Zufall. Beydes konnten die erst seit einiger Zeit eingeführten Industrie-Anstalten nicht verhindern.

Offenbar aber müßen die eingeführten Industrie-Anstalten, so wie die durchgängig besser getroffenen Polizey-Verfügungen, wenigstens nach einigen Jahren eine bessere Güterverwaltung und Oekonomie bewirken, und nebst andern wohlthätigen Folgen auch eine weit beträchtlichere Verminderung der Konkurse um so mehr zur Folge haben, als sich dieselben schon in den lezten zwey Jahren, nämlich 1789 und 1790, gegen die Jahre 1787 und 1788 um den achten Theil gemindert haben, oder sich gegen einander wie $1 : 1 \frac{11}{80}$ verhalten. Nur wird mit mir jeder in dem patriotischen Wunsche einstimmen, daß der Schöpfer dieser herrlichen Anstalten

diese

diese Folgen eben so in ihrem vollen wohlthätigen Umfange erleben möge, wie Er bereits den Anfang derselben erlebt hat!

* * *

Diese höchst interessanten Nachrichten liefert uns Herr Hofrath und Professor Seuffert, in des thätigen, lieben Herrn Professors Feders zu Wirzburg Magazin, und man darf sie nur lesen, um sich ganz zu überzeugen, daß der Mensch alles könne, wenn er nur will, seine Kräfte andaurend anstrenget, und Gottes Vorsicht walten läßt. Er zeigt darin, daß der Wirzburger nur auf seinen Nutzen aufmerksam gemacht werden dürfe,*) um fürs Gute, das ihm noch neu ist, empfänglich, und dazu gestimmt zu werden. So steht die Sache auch bey den Baiern, der nicht so faul ist, als man ihn meist schildert. Auch das kultivirte Sachsen und Schlesien hat seine Bärenhäuter; und so jedes Land, jede Nation, ja jeder Distrikt. Ich bereise beynahe ganz Baiern, und kenne Männer darin in jedem Stande, die keinem Engelländer oder Holländer im Kraftsinn weichen, wenn's auf sie allein an-

---

*) Man muß ihm aber auch seine freye Erwerbung und sein Eigenthum nicht so kränken, daß man ihn darüber abgrämt und erboßt macht, und so sein Gefühl für's Gute erstickt.

ankömmt, etwas Gutes, schriftlich oder mündlich, theoretisch oder praktisch, durchzusetzen. Man lese des unermüdeten **Kohlbrenners** unschätzbare Intelligenzblätter von 1766 — 1782. und andere baierische öffentliche Schriften, Abhandlungen, und besehe manche Landesgegenden z. B. die Waldgegend, und die um Griesbach ꝛc. ꝛc. von Passau bis Straubing, und erstaune über den Fleiß der thätigen Oberpfälzer, bey welchen der Luxus noch weniger Geld verschlang als bey seinen Nachbarn, bey welchen Handel in's Ausland ziemlich weit getrieben ist, und noch zu einer viel gröffern Stufe gebracht werden könnte, wenn die Juden sich nicht blos mit Handeln, sondern auch, wie die Christen, mit gleichen Gewerben abgeben würden, wie in vielen kaiserlichen Landen zum größten Vortheil der Christen und Juden geschieht. Sonst wird Betrug den Juden, wegen so vieler zu wenig salarirten Beymautner und intereßirter Beamten,*) nothwendig,

---

*) Deren Schergen oder Gerichtsdiener die Bauern oft so bißig und zügellos, mit Nachsicht der Herrschaft, behandeln, daß es kein Wunder wäre, wenn ——— cœtera finge tibi, amice Lector! Mir schaudert die Haut, wenn ich daran gedenke, daß oft Beamte und Schreiber sie dazu noch aufhetzen, um Sporteln, und Gott weiß, welches Blutgeld noch, mit grellster Art einzutreiben.

wendig, und der Bürger und Landmann werden durch die meisten Juden geprellt. Denn obwohl es auch ehrliche, rechtschaffene und edle Männer unter dieser Nation giebt, die viele Christen beschämen, und über deren unverdrossenen Fleiß und Genügsamkeit mit wenigem Gewinn bey grosscheinenden Strapazen man sich wirklich verwundern muß, so überlisten doch viele aus dieser Nation den Christen, sobald sie die Gelegenheit ersehen, ihren Vortheil zu machen, und ziehen unerhörte Prozente, ohne daß es so scheint. Die Art der Juden im Handel und Wandel, im Tauschen mit Waaren, im Gelderauswechseln ist so trügerisch und überraschend eingerichtet,*) daß sich kein Handelsmann**) rühmen darf, ihnen nachkommen zu können; besonders an der Gränze, wo es ihnen leicht wird, mit schlechter Waare, welche das beste Ansehen durch

---

*) Man schröpfet sie schon in manchen christlich sich nennenden Gegenden darnach, daß sie sich diese Art erlauben müssen.

**) Es ist doch besonders, daß der ansäßige Bürger Gerechtigkeiten und Privilegien haben muß, ehrlich handeln und Anstalten dazu machen zu dürfen, da doch der Jud mit allem, fast unbeschränkt, handelt, wenn er nur recht Geld von sich erpressen läßt, das er andern Ansäßigen entzieht, und dann Geld und Gut aus den Ländern schwärzt.

durch eine ausstudierte Zubereitung bekommen hat, die gescheidesten Leute hinter's Licht zu führen, und manchen um Hab und Gut zu bringen. Wer giebt diebischen und räuberischen Händen mehrere und geschwindere Gelegenheit, gestohlne Sachen abzusetzen, aus den Ländern zu praktiziren, Jahre lang zu verstecken, oder sie umzuwandeln, und in neuer, nicht mehr kennbarer Form erscheinen zu machen, als eben die Juden. Hiezu kommen noch Tändler, Jauner, herumreisendes Krämergesindel, deren Domicil nirgends ist und welches sich zigeunermäsig in Wäldern, Höhlen und Schlupfwinkeln so vermehret, daß der arbeitsame Landmann und Bürger nothwendig abnehmen, und die Klage immer wachsen muß, welche den Mangel an Landleuten, an treuen Ehehalten, an fleißigen Bauern und Bürgern überall verkündet, und daß bald noch mehr traurige Folgen, Mord und Todschlag entstehen müssen, worein dies müßige Gesindel durch manche Verlegenheiten gerathen muß, wovon 1000 Beyspiele angeführt werden könnten.

Man bereise unser Land, wie ich es bereiset habe, und bespreche sich mit Herrschaften, Klöstern, Beamten, Pfarrern, ansäßigen Bürgern und Handelsleuten, und ziehe selbst sich die Schlüsse, die

aus

aus gegenwärtiger Lage der Dinge, und der allseitig einreissenden Unzufriedenheit der Menschen, noch entstehen können, wenn nicht durch Erziehung der Kinder zur Arbeitsamkeit von Kindesbeinen an, ein unüberschwemmlicher Damm der einreissenden Fahrlosigkeit, dem Stolz und der Unbeugsamkeit der Ehehalten, und der Leichtsinnigkeit bürgerlicher und adelicher Jugend gesezt wird, —— wenn nicht obige so schädliche Mißbräuche, die von Juden, Tändlern und unzählichen Jaunern herrühren, durch unpartheyische genaue Polizey abgeschaft, für die Zukunft beschränkt, und in ein Gleiß gebracht werden, das jedem, auf dem Abweg betretenen, wenigstens den Fuß, wo nicht den Hals bricht, um nicht weiter schreiten zu können. Denn warum würde sonst Baiern und Schwaben so verrufen, wegen Diebstälen, Strassenräubereyen und Mordthaten seyn, wenn nicht Gelegenheitsmacher stets wie die Füchse und Wölfe herumschlichen,*) und den faulen üppigen Dienstbothen, den müßigen Bürger- und Bauernjungen, den wollüstigen verschwenderischen Junker reizten, und so in die Falle zögen, daß ihn nur ein verzweifelter Schritt daraus

---

*) Juden, Tändler und nirgends ansäßige Krämer sieht ja jeder auch ohne Marktzeit überall genug.

aus retten kann, so viel Anlage auch zur Besserung noch in ihm wäre. Man lese die Akten, durchgehe die alte und neue Geschichte, sehe nur in Städten, wie auf dem Lande, um sich her, beobachte, denke, vergleiche diese itzigen unruhigen, unzufriedenen, luxuriösen und irreligiösen *) Zeiten und schliesse auf die traurigen Folgen, die uns bevorstehen. Wer verlohr weniger bey den französischen Unruhen, als obengenannte müßige, faule, herumziehende, im Dienst untreue, diebische Leute, die in toller Wuth und Kühnheit, angetrieben von der Hofnung zum Gewinn, durch Rauben und Plündern mehr geschadet haben, als die geübtesten Kriegsheere nach dem Recht? Sollte da noch ein Fürst, eine Herrschaft, ein Magistrat zaubern, diesen immer mehr anwachsenden Uebeln mit Klugheit und Mäßigung allmäligen Einhalt zu thun, da sie ihnen sonst vielleicht unüberwindlich werden können?

Die gegenwärtige Zeit geht schwanger mit der zukünftigen, sagte Leibniz, und die Erfahrung bestättiget seinen Satz. Aus der Wurzel, aus ihrem Keim und aus ihren Nebensprossen kann man auf die Früchte schliessen.

Ein

---

*) Wahres thätiges Christenthum, und aufrichtig deutsche Redlichkeit, trift man sehr selten mehr an. Sie nehmen immer mehr ab.

Ein kleines Feuer erregte oft ein grosses. Erstiket es in der Asche.

Wenn mehrere Gewässer zu einem reissenden Strom angewachsen sind, der brausend sich anschwellt, wenn Sturm und Ungewitter seine Verheerung begünstigen; dann ist es schwer, sehr schwer, ia unmöglich, ihm einen Damm entgegen zu setzen. Opfert lieber kleine Vortheile auf, Ihr Grossen und Herrschenden, (wie der böhmische Graf in unten stehender wahrer Geschichte, *) als daß ihr

---

*) **Sieg der Menschenliebe über die Pferdeliebe.**
Der Graf M**, ein ausserordentlicher Liebhaber von Pferden, hatte auf einem seiner Güter in Böhmen eine Stutterey, auf die er ansehnliche Summen verwendete, und in der die auserlesensten Pferde gezogen wurden. In der grossen Theurung des Jahrs 1771, wo der Haber in Böhmen zu einem unerhörten Preise stieg, rieth man ihm, seine Pferde abzuschaffen; allein er konnte es lange nicht über sein Herz bringen, seine Liebhaberey einer pflichtmäßigen Ersparnis aufzuopfern. Alle Morgen besuchte er seine Ställe, um sich an dem Anblicke seiner Lieblingsthiere zu vergnügen.

Einstmals jedoch, da er eben aus den Pferdeställen kam, fiel ihm eine vom Hunger ganz abgezehrte Frau weinend zu Füssen, und sagte:

ihr auf eueren Herrschaftsitzen, ungewiß der Dinge, die da kommen könnten, unruhig und unschlüssig euch eine gefährliche Zukunft ahnden lassen müsset.

Wäh-

Ach, gnädiger Herr, wer doch itzt ein Pferd wäre!

"Wie so? alte Mutter", versezte der General, den der Wunsch des Weibes ein wenig stuzig machte. —

Ach! sagte sie, indeß ich mit meinem kranken Manne und 3 Kindern, die keinen Dienst bekommen können, vor Hunger verschmachte, bekommen Ihre Pferde ihr volles Futter, und sehen rund und dick aus.

Der Graf gab ihr einen Dukaten, und gieng gedankenvoll in sein Zimmer.

Nach einer kurzen Ueberlegung erhielt die Menschenliebe einen vollkommenen Sieg über die bisherige Lieblingsneigung seines Herzens. Er schickte alle seine Pferde bis auf zween Reitklepper zum Verkaufe nach Prag, und ließ seinen Haber, von dem ein beträchtlicher Vorrath bey ihm vorhanden war, unter seine brodlosen Unterthanen austheilen. Das nunmehr überflüßige Heu ward ebenfalls verkauft, und nebst der Summe, die der Graf aus den Pferden löste, zum Unterhalt der Dürftigen angewendet; und der Graf hatte die Freude, zu sehen, daß auch nicht Einer von seinen Unterthanen Hungers sterben durfte.

Wählet das beste Theil für euch und für eure Erben und Nachfolger! Sorget für euren Nachruhm,

für

Wer es aus eigner Erfahrung weis, was eine Lieblingsneigung zu bedeuten hat, zumal wenn man ihr so viele Jahre lang nachgehangen, sie jederzeit ungehindert befriedigt, und sie gleichsam Wurzel in seinem Herzen und in seiner ganzen Denkungsart hat schlagen lassen, der wird leicht beurtheilen können, wie schwer den Grafen ein solcher Entschluß angekommen seyn müsse! — Aber die Vergeltung der wohlthätigen Menschenliebe, die er an seinen Unterthanen bey dieser Gelegenheit bewiesen hatte, blieb nicht aus.

Als einige Zeit darauf die böhmischen Bauern sich empörten und tumultuirten, und der verheerende Schwarm sich auch den Gütern des Grafen M*** näherte, weigerten sich nicht nur die guten dankbaren Unterthanen des Grafen schlechterdings, zu ihnen zu stossen, sondern sie bewaffneten sich sogar, griffen die Anführer unvermuthet an, verwundeten viele, und trieben die Rebellen mit Gewalt von den Gütern des Grafen zurücke.

Der Graf befand sich damals eben zu Wien und konnte die schriftliche Nachricht, die er sogleich von diesem Vorfalle erhielt, nicht ohne Freudenthränen lesen. O! wie viel, sagte er, wie viel hab ich der herzhaften alten Frau zu danken! Ohne ihre rührende Vorstellung wäre vielleicht ein grosser Theil meiner Unterthanen für Trost auf dem Todtenbette, und für einen sanften Spruch aus dem Munde des Weltenrichters *).

Fol-

verhungert; und ist wären vielleicht alle meine Pächter und Wirthschaftsverwalter erschlagen, und meine Häuser und Gärten zerstöret worden. Sie soll dafür auf Lebenszeit noch eine Pension haben.

Ihr Armen! wenn ihr Noth leidet, die ihr nicht selbst verschuldet habt, nehmt eure Zuflucht vor allen Dingen zu Gott, und fleht ihn um Hülfe an; er wird euch Mittel und Wege zu eurer Rettung zeigen. Scheuet euch aber auch nicht, Menschen, welche helfen können, dreust um einen Beystand anzugehen, den der Mensch dem Menschen in der Noth zu leisten sich nicht entbricht, wenn er herzhaft an die Pflicht erinnert wird, mit dem, was ihm Gott anvertrauet hat, als ein Haushälter göttlicher Gaben umzugehen, die ihm nicht eigen, sondern nur geliehen sind.

*) Folgende Geschichte einer glücklichen Gräfinn stehet wohl auch hier nicht am unrechten Orte.

Im Jahr 1786 starb in Wien die Gräfin R. von B. Sie war eine von den geistvollen Damen unter dem wienerischen Adel, die sich durch die Vorzüge ihres Kopfs und Herzens die Hochachtung und Liebe der besten edelsten Menschen erworben hat. Einer ihrer schönsten Charakterzüge wurde auf die rührendste Art noch neuerdings bey ihrem Tode bestättigt, nämlich die Güte und Wohlthätigkeit, welche sie

* * *

Folgender Brief von einem jungen Edelmann in Baiern zeigt, wie geneigt manche Herrschaften und Landgeistliche zu gemeinnützigen Einrichtungen wären, wenn sie nur, die Sache anzugreifen, für ihr Lokale, und den Genius ihrer Unterthanen und Untergebenen die passendsten, leichtesten, und am mindesten kostspieligen Mittel wüßten, ohne daß sie den Unterthan mit neuen Abgaben beschweren, noch selbst zuviel aufopfern müßten. Durch eine mißlungene Unternehmung, die aus Mißverstand und

ihren Unterthanen angedeihen ließ. Die Bauern ihres Wittwensitzes, wo sie wollte begraben seyn, bathen sich aufs bringendste, zur besonderen Gnade und zu ihrem Trost, aus, die Leiche ihrer verstorbenen Gräfinn auf den Schultern zum Grab zu tragen. Es ward ihnen zugestanden. Der Anblick war schön, die ganze Gemeinde trauerte mit thränenden Augen hinter dem Sarge ihrer Herrschaft, als um die allgemeine Mutter des verwaisten Dorfs. Dieß Denkmal in den heuchellosen Herzen dankbarer Landleute aufgestellt, ist in den Augen des Menschenfreundes schöner als ein Monument von Marmor. Sanft ruhe die Asche der Seligen, und ihr Leben diene zum Beyspiel, daß Geist und Kenntnisse erst alsdann wahrhaftig schätzbar sind, wenn sie durch That und Handlung, Menschenliebe, Edelmuth und Wohlthätigkeit erzeugen!

Verdrehung der empfohlenen nützlichen Anstalt entstehen muß, könnte und würde natürlich der guten Sache ungemein geschadet werden.

Theuerster Herr Professor!

Mit wahrer Sehnsucht erwarte ich jenes Werk,*) das sie uns bald zu liefern versprachen. Mein hiesiger Pfarrer, Kaspar Heilmeyr, und ich melden uns hiemit unter Anlegung zweyer Gulden als Pränumeranten.

Für niemand kann dieses Werk mehr interessant seyn, als für mich! Ich bringe nun, seitdem ich verheirathet bin, die größte Zeit des Jahres auf dem Lande zu, und da erfuhr ich nun tausend Dinge, von denen man sich freilich, so lange man Städten lebt, nichts träumen läßt. Besonders war mir aber der häufige Bettel am unerträglichsten, und jezt erst empfand ich die Wohlthat des Militärarbeitshauses zu München in vollem Maase! — Alles Murrens und aller Verketzerungen ungeachtet, nahm ich mir vor, dieses Uebel abzuschaffen, und es gieng, wie alles gehet, wenn man ernsthaft will. Ich ließ alle fremden Bettler zum Gericht

---

*) Ueber Arbeits- Industrie und Oekonomie-Anstalten.

richt liefern, wo sie gestraft und in ihr Geburts- oder Wohnort verschaft wurden. Ich verboth auch meinen Unterthanen, durch ihr Allmosen, (welches gar diesen Namen nicht verdient,) nicht liederliches Gesindel zu unterstützen, und versprach für die Armen in meiner Hofmark zu sorgen. Ich versprach mir Dank und Mitwirkung meiner Unterthanen für meine Unternehmung; allein öffentliche Unzufriedenheit war mein Lohn! — So schief und unrichtig sind noch die Begriffe des Bauers von dem Bettel. Er glaubt ein gutes Werk zu thun, wenn er jährlich an hergelaufene Lumpenkerls 10 und 12 fl. (denn so viel trift im Durchschnitt gewiß jedem Bauer, wo nicht mehr) verschwendet, und wirft lieber dieses Geld weg, wo er doch mit einem Beitrag von 2 oder 3 Metzen Korn, die er an die Hofmark Armen gäbe, von dem Ueberlauf fremder Bettler befreyet wäre, und das tröstende Bewußtseyn hätte, zur Vollendung eines wahrhaft guten Werkes beygetragen zu haben! — Woher kommen aber diese irrigen Begriffe, als von unsern sogenannten Seelenhirten? Wäre es nicht besser, wenn sie ihren Pfarrkindern schilderten, worinn wahre Armuth und wahres Allmosen bestehe, statt ihnen mit donnernder Stimme und mit schwarzen Farben nur die Pein der Hölle und des Fegfeuers vorzumalen? — Doch alles

F 5   dieß

dieß hielt mich nicht ab; ich fuhr fort, alle fremden Bettler liefern zu lassen, und jezt habe ich Ruhe! —

Nun fragt es sich, was mit meinen Hofmarksarmen anzufangen ist, die bisher auch immer bettelten, und wo ich mir gefallen lassen muß, wenn man an andern Orten Repressalien braucht. Schon im Jahre 1713 war unter meinen Voraltern in denen Hofmärken A..... und R...eine Bettelordnung, vermög welcher jährlich der ganze Hof 8 Mezen, der halbe 4, der viertel 2, und der Sölbner 1 Mezen zur Unterhaltung der Armen gab. Theils aber wäre iezt kein Bauer mehr zu solch einen Beytrag zu bereden, und theils finde ich auch diese Eintheilung wegen mehrern Ursachen nicht gut; denn erstens ist es sehr falsch geschlossen, daß der ganze Hof ohne Ausnahme mehr geben soll, als der halbe, indem es viele halbe Höfe giebt, die besser stehen, als die ganzen; und zweytens scheint mir bey einer solchen Unternehmung vor allem eine genaue Untersuchung nothwendig zu seyn, wie viel wahrhafte Arme an einem Orte sind? — Ich zähle in meinen beyden Hofmärken vielleicht 3 bis 400 Seelen, und unter diesen sind nicht mehr als 4 oder höchstens 5 wahrhafte Arme; denn nur jener ist wahrhaft arm, der zu aller Arbeit untaug-

untauglich, und sich also die Bedürfnisse seines Lebens nicht selbst erwerben kann. Den Uebrigen geben, die sich arm nennen, weil sie nicht arbeiten wollen, und durch den Bettel mehr bekommen, wäre Sünde; man dürfte jährlich 100 Scheffel Getreid verschenken, und dem Uebel wäre doch noch nicht gesteuert. Arme unterhalten, nenne ich also, ihnen Arbeit anweisen; und dies ist vorzüglich bey den Kindern nothwendig. Deswegen war ich auch schon gesinnt, eine Spinnschule zu errichten, und wollte eben etwas in den Landbothen*) einrücken lassen, als ich hörte, daß er nicht mehr herauskömmt! — Wie angenehm mich also Ihre Ankündigung überraschte, können Sie sich leicht vorstellen. — Ich erwarte Ihr Werk mit Begierde, und wünsche, daß Sie vorzüglich auch auf Beschäftigung für Knaben, welche ungemein schwerer zu finden ist, Rücksicht nehmen möchten.

Verzeihen Sie mir meine Schwachheit; ich hätte aber noch so viel über diesen Gegenstand auf dem Herzen, das ich Ihnen niederschmieren möchte, wenn ich nicht Ihre Geduld zu misbrauchen fürchtete. Besuchen Sie mich in meiner Einsamkeit,
wenn

---

*) Eine Zeitschrift, die 1790 und 1791 in München herauskam.

wenn Sie Zeit haben; dann wollte ich Ihnen manchen Aufsatz über diesen Punkt lesen lassen, und mir ihr Urtheil ausbitten.

Hier schicke ich Ihnen auch 1 fl. 12 kr. für ein Dutzend Exemplare von dem Sittenspiegel, auf schwarzem Papier,*) und bin mit aller gränzenlosen Hochachtung

Ihr

. . . . .

A... ben 28ſten Jenner, 1792.

F...

Dieſer Brief eines ſo richtig und edeldenkenden bairiſchen Cavaliers ermunterte mich um ſo mehr zur Herausgabe dieſer Schrift, da auch viele Klöster, Landpfarrer, Edelleute und Beamte der obern Pfalz und Baierns mit ihren Schulaufſehern und Lehrern, mich dazu aufforderten, damit ſie gemein-
ſchaft-

---

*) Dieſe Schrift enthält bloß Beyſpiele von guten, arbeitſamen, ſelbſt von Fürſten hochgeachteten Bauern, rechtſchaffenen Soldaten und biedern edelmüthigen Kloſter- und Landgeiſtlichen.

ſchaftlich aus dieſen vielen Anſtalten auch etwas Paſſendes für ihre Gegenden und Untergebenen herausziehen, und etwas Aehnliches veranſtalten könnten. Wer ſollte nicht mit Auguſtin denken und ſprechen: Haben dieſe und jene einſt es ſo weit bringen können; warum ich oder wir nicht auch? Je gröſſer aber oft der überſtiegene Berg war, deſto angenehmer iſt die Ausſicht. Welche Wonne, mehrere Hände vom Müßiggang und Bettel abzuziehen, Talente zu prüfen, und häusliche Ruhe, Zufriedenheit, wahres thätiges Chriſtenthum, und alte deutſche Redlichkeit wieder aufleben zu machen.

Die Erwegung angeführter Anſtalten, ihrer immer mehr nöthigen Verbreitung zur Abſchaffung des Bettels, und Lenkung der Menſchen, daß Arbeit ihm zur andern Natur werde,*) bewog mich, heuer in den öffentlichen Münchner Wochenblättern im Monat Jenner geſammelte Nachrichten von Induſtrie, Oekonomie- und Arbeits-Schulen dem Publikum anzukündigen, und dadurch meinen ſeit 1785 gefaßten Entſchluß auszuführen, erfundene Entdeckungen gemeinnützig zu machen, und neue Gewerbe durch innländiſche

---

*) Ut fiat bos ſuetus aratro.

dische Produkte empor zu bringen, welche zwar Zentnerweis überall beynahe wie Unkraut wachsen, aber selten, oder nie so benutzet werden, daß ausgebreiteter, erprobter, standhafter Nutzen daraus gezogen würde. Bey meinem zehenjährigen öffentlichen und Privat-Lehramte brachte mich die Noth *) (die Mutter der meisten Erfindungen) auf die Gedanken, zweckmäßige, leichte, überall gangbare, nützliche Arbeiten für gebrechliche, krüppelhafte und schwächliche Kinder zu erfinden, und mich durch die Naturgeschichte und angewandte Naturlehre **) zu dem Ziele zu wagen, dessen unser gesegnetes Baiern vorzüglich empfänglich war, so zwar, daß mir männliche und weibliche Personen, vom Fürsten bis zum Hirten herunter, dazu die Hände gebothen, und unüberwindliche Hindernisse dadurch weggeräumt haben. Meine Hutfabrike ***) hat der

---

*) So hart und schwer junge, in Fabriken und Manufakturen unerfahrne Leute durchsetzen, so süß ist doch die gute Aussicht, wenn etwas gelinget.

**) Leider blieben nützliche Maschinen für Ackerbau, Wirthschaft, Manufakturen und Fabriken sammt gelehrten Abhandlungen über herrliche Versuche für die Menschheit, bis jetzt immer nur in Akademien bey uns meist ungenützt liegen.

***) Sie ist zu Haidhausen außer München, dem Gasteig oder der Isarbrücke gegen über.

der von dem biedern Baiern, Grafen Max von Preising, Hofraths-Vicepräsidenten ꝛc. zur Sammlung ihrer Saamenwolle gratis eingeräumten Allee von Schwarzpappeln*) ihren Anfang — der gnädigsten Unterstützung Sr. Churfürstlichen Durchlaucht von Pfalzbaiern**) und der hochlöblichen Landschaft Oberlandes Ermunterung durch 200 fl. Gratification im Jahr 1787 ihre Fortsetzung — den großmüthigen kaufmännischen seltenen Vorschüßen von mehreren 1000 fl. ohne Interesse, nebst andern Unterstützungen des Hr. Andre dall' Armi, Herrn der Gebrüder Nocker Handlung in München, ihr Bestehen zu verdanken. Diese Fabrike steht,

---

*) Albern, oder Alben nennt man sie mit dem baierischen Provinzialwort.

**) Im Jahr 1785. beehrte mich die Churfürstliche höchste Stelle zu München, der hochlöbliche geistl. Rath mit 24 fl.

Im Jahr 1786. die hochlöbliche Hoffammer mit 45 fl. und einem Churfürstlichen Privilegium, und bezahlte die auf Churfürstliche Ordre angestellte Hut-Kommission in Erding, und Spinnprobe-Kommission in Weisenfteig.

1787 erhielt ich 200 fl. Gratification durch eben diese höchste Stelle, und eben so durch die empfehlendsten Begutachtungen der oberen Landesregierung im März 1792 auch 150 fl. Gratification.

steht, ohngeachtet aller Schikanen der Innungen, und anderer interessirter Partheien, zu München doch vor dem Carls Thor, *) und hat ihren Absatz in einer öffentlichen Boutique in der Stadt, und wird sich, wie ich hoffe, unter der günstigen Aufsicht meines edelmüthigen Freundes, des Herrn dall' Armi, ohne Zweifel immer erhalten, und, als die einzige Hutfabrike in ganz Pfalzbaiern, dem Lande und ihren Innwohnern durch Arbeit, Geldcirculation im Lande, und Hereinbringung desselben aus dem fernen Auslande **) gewiß vielen Nutzen verschaffen, wenn Gottes Seegen die Arbeiter und ihre Werke krönet.

Im J. 1785 fieng ich die Päppelwoll-Sammlung an, setzte mit der Weidenwolle, Moosfollenwolle, Weiberich-Seidenbinse- und Seidenpflanzen-Wolle fort, und brachte so die Hutfabrike in den Flor, in welchem sie durch Unterstützung des Hrn. dall' Armi Wechslers zu München wirklich ist. Die Weidensaamen-Wolle

---

*) Das Thor wurde erst verschönert, und hieß ehemals Neuhauser Thor.

**) Selbst bis nach Neapel, Valenza in Spanien, und nach den Niederlanden, so wie im ganzen Reich, setzten wir 1789 öfters schon unsere Hüte ab.

Wolle erfand ich auch 1785. Diese ist noch feiner, und häufiger beinahe im Lande, besonders an der Donau, am Inn, Isar, Salza, Lech vorhanden, und, des kleinern Weidenwuchses wegen, noch viel leichter zu sammeln, bekannter und allgemeiner, und dienet zum Abnähen so gut, wie zum Gespinnste, zu Hüten, Papier und Better Füllung ꝛc.

J. J. 1785 im Oktober erhielt ich auch eine kleine Sammlung Weiderich-Saamenwolle *) von einer meiner Schülerinnen, der itzigen Mauthnerinn Sabina von Thoma, gebornen Baronesse von Heppenstein, zum Spaße als Anspielung auf obige Wollen. Joseph Adam Streitl, Oberforstmeister zu Callmünz, sandte mir dann im J. 1788 gegen 4 Centner; so wie sie hernach ein Jäger unweit Moosburg auf einem General Graf La Roseischen Herrschaftsgute Mauern, eben so Centnerweis noch schöner, ingleichen eine industriöse edle Gräfinn **) zur Probe mitzusammeln, den ökonomi-

G schen

---

*) Epilobium hirsutum et montanum. Wächset in Försten Centnerweis, um Geisenfeld, Mauern, Callmünz, Traunstein und andern Gegenden Baierns, und der obern Pfalz.

**) Die unternehmende Gräfinn Arco zu Geisenfeld, gebohrne Freyfr. von Keck ꝛc.

schen Eifer hatte, und andere durch thätigstes Beyspiel ermunterte, dies bisher sogenannte Unkraut zu sammeln, welches die Forster kaum ausrotten konnten.

Anno 1786 schickte mir die edelmüthige Frau Gräfin von Seinsheim, Oberhofmeisterinn, Wittwe, gebohrne Freyfr. von Hohenegg aus Franken, in München, die Seidenwolle vom Seidenpflanzen-Saamen, und ihr Gärtner zu Menzing, ihrem Churfürstlichen Wittwen-Sitze, mußte mir, auf ihren Befehl, Saamen und Wurzeln (Ableger) einliefern, um zu Fortpflanzung dieser Seidenwolle Gelegenheit zu machen. Die nämliche Gnade hatte, Anno 1789, 90 und 92. Ihro Durchl. der Herzog von Zweibrücken Birkenfeld Herzog in Baiern, zu Landshut. Ich vertheilte sie dann im Lande zu Proben, und beschrieb Anno 1789 und 90 ihre Benützung sowohl in Rücksicht ihrer Seide, als auch ihres Hanfartigen Stengels, in zwey Werkchen *) worin ich sowohl inländisch als ausländisch vortrefliche Zeugnisse

---

*) Sammlung über den Nutzen der Seidenpflanze, ihrer Seide und ihres Stengels, vom Jahr 1789 und 90 über den Anbau dieser Pflanze durch Saamen und Ableger, und Behandlung des Stengels und Ertrag des Anbaues durch Saa-

nisse anzuführen für gut fand, um auf diese Pflanze aufmerksam zu machen, — führte auch im baierischen Landbothen von 1790 weitläufiger ihre Fortpflanzer und Gegenden an, und setzte die Berechnung von Karl Schnieber, Stadt und Rathsdirektor zu Liegniz in Schlesien, bey, der eine Fabrike von halbseidenen Zeugen aus dem Hanf dieses Stengels und ihrer Seide so errichtete, daß er den Hanf des Stengels zum Zettel, den Faden der mit Baumwoll vermischten Seide zum Eintrag nahm.

Er hat wirklich in Schlesien sie schon so verbreitet, daß eine Fabrike von halbseidenen Zeugen, Hüten, Seidenwollenen Bettdecken, und sogar Eiterdunen davon, durch ihn daselbst existiret. Das könnte noch leichter in Baiern eben so seyn, wo ich die Pflanze im Unter- und Oberlande mit einstimmigem Zeugniß, so wie auch in Schwaben, häufig ohne Kultur gefunden habe, *) so daß Nichtkenner sie mit

aller

---

men 2c. um durch das Erträgniß dieser Seide, mehrere Anbauer dieses den Flachs und Hanf beinahe übertreffenden Materials zu reitzen, und sie allgemein nützlich zu verbreiten.

*) In Traunstein, Weltenburg, Cham und einigen Gegenden um München wurde sie wild ge-

aller Mühe nicht ausrotten konnten. Sie blüht spät, und ist die beste Nahrung der Bienen. Ihr Keim ist spargelartig, ihr Blatt giebt weise Milch, welche die überflüßigen Haare wegäzet.

J. J. 1786 machte mich Hr. Superintend. Schäffer in Regensburg aufmerksam auf die Seidenbinse (Graswolle) *) die er zu Hüten, Seidenwatt, Papier ꝛc. **) verwandte, und Herr Springfeld an die ökonom. Societät in Leipzig gesponnen einsandte.

J. J. 1785 sammelte ich auch Mooskolben-Wolle, ***) von welcher ich hörte, daß arme Leute ihre Betten füllten. Ich füllte damit einen Schliefer von Atlas, ließ vom Rumpfmüller Hutmacher in Erding einen

---

funden, aber als asclepias vincetoxicnm Schwalbenwurz, die eine besondere Art Seidenpflanze, und in den Apotheken auch brauchbar ist.

*) Linagrostis, (eigentlich: Eriophorum polystachion et evaginatum) große und kleine Seidenbinse.

**) Siehe Schäffers 81 Papierversuche, und die ökonom. botanische Abhandlungen Suffows von Fabriken-Pflanzen.

***) Typha.

einen guten Hut daraus machen, und fand sie allen obigen dergleichen Materialien ähnlich; ließ sie mit Zusatz spinnen, und hörte 1786 aus öffentlichen Zeitungen, *) daß Hr. Le Breton in Paris sie zu Hüten, Watt und Gespinnst, so wie Hr. Superint. Schäffer zu Papier, verarbeitet habe.

Die Weiderichsaamen-Wolle ist nach der Seidenpflanzensaamen-Wolle die brauchbarste in jeder Hinsicht; nur ihre Hülse wird nichts taugen, da doch die Saamenhülsen von Schwarzpappeln, Weiden, Seidenpflanze und Aespen, mit Pappier-Abschnitzen gemischt, zu Pappendeckeln **) dienen, so wie der Saame aller angeführten zu brauchbarem Oel in aller Absicht tauget.

Die Reinigung ist das Beschwerlichste, wenn man die rechte Art derselben nicht weiß, und ist doch die leichteste, wenn man die Maschinen dazu hat,

und

---

*) Siehe Suckows ökonom. botanische Abhandlung von Fabriken-Pflanzen.

**) Die ersten ließ ich zu Bogenhausen, eine Stunde ausser München, verfertigen, und sie fielen sehr gut aus, so daß die Buchbinder mehrere davon wünschten.

und damit umzugehen weiß. *) Die Pflanzen selbst wachsen alle ungebaut Centner weis in Baiern; die Seidenpflanze nicht so häufig, doch auch diese gedeiht, wenn man sie anbaut, auf jedem Grunde, wenn sie nur Sonne hat, nach Einstimmung aller Beobachtungen und Erfahrungen Europens.

Folgende Auszüge bestättigen dieß handgreiflich.

---

*) Die Reinigung geschieht durch eine Mühle mit Saiten, wodurch der Saamen sammt den Hilsen durch ein Sieb von Drath gemäß seiner Schwere wegfällt, und die gereinigte Wolle durch einen Blaßbalg vorwärts getrieben wird. Bey den Schwarzpappeln, Weiden und Aespen aber wird, so wie bey der Seidenpflanze, erst der Saame sammt den noch anklebenden Hilsen weggetrieben, nachdem zuvor bey obigen auf einem Sieb von Spagat, oder sonstiger beliebiger Materie, die Hilsen mit zwey kleinen Stecken durchgeschlagen, und die Wolle sammt dem Saamen von den Hilsen losgemacht worden ist.

Nachricht von einer in Teutschland wachsenden Baumwolle. *)

Es ist bekannt, daß man bisher nur die levantische, oder die aus Italien, Griechenland und der Türkei ꝛc, auch von andern warmen Ländern eingeführte, auf gewissen Stauden wachsende Baumwolle im Gebrauch gehabt hat. Es sind aber auch in Teutschland Bäume anzutreffen, welche Wolle tragen, wie z. B. die Pappeln, Aespen und alle Arten gemeiner Weiden; wie denn gleichergestalt verschiedene Kräuter und Pflanzen, als: die Disteln, die weißen auf sumpfigten Wiesen wachsenden Feldblumen, der Lattig, Skorzonerwurzeln, auch mehr andere Arten Feld- Wald- und Wiesenblumen, eine meistentheils stramme, mithin unbrauchbare haarige Wolle, oder wenigstens etwas der Wolle Aehnliches, hervorzubringen pflegen.

Von der auf den Weidenbäumen wachsenden Wolle sind einige Versuche zu Stande gekommen, die man bekannt zu machen, für nützlich gehalten hat.

*) Aus dem Augsburger Intelligenzzettel 1756 vom 22ten Jenner N. 4.

Und zwar tragen alle Arten der Weiden, vornämlich aber die durchgehends bekannten Knapp- oder Platzweiden, im dritten Jahre und ferner, nachdem sie behauen worden, an den äußersten Aesten fingerslange, aus manchmal 30 und mehr Saamenhäuschen bestehende sogenannte Kätzchen; ein jedes Häuschen aber schließet viele feine Wolle in sich, wobey auch zugleich in verschiedenen sehr kleine ölichte schwarze Körner gefunden werden. Gegen Ende des Maimonats, so wie das Wetter kühl oder warm ist, öfnen sich die Saamenhäuschen, und zwar die untersten zum ersten, und dann fliegt die reichlich daraus kommende Wolle in der größten Geschwindigkeit fort.

Um nun solche zu sammeln, giebt man um diese Zeit acht, ob die untersten Saamenhäuschen gelb zu werden anfangen; alsdann ist es Zeit, dazu Anstalt zu machen, und nach Verhältniß, daß viele Wolle verlangt wird, Leute dazu anzustellen, welche entweder mit Heckenscheeren die äußersten Aeste abkippen, oder auch größere mit vielen Kätzchen beladene Aeste abhauen,*) und so bald es nur möglich

---

*) Dieses mißrathe ich sehr wegen der Zukunft, indem die weibliche Blüthe diese Wolle trägt,

lich, weg und in große mit Fenſtern verſehene Kammern zuſammenbringen müſſen.

Daſelbſt läßt man dasjenige, was eingeſammelt worden, einige Tage wenden, worauf ſich die Saamenhäuschen von ſelbſt öfnen. Was nun von Wolle oben auf kömmt, wird mit einem Federwcher, deren ſich die Bettſchwinger bedienen, ab- und in ein zu dem Ende rein zu haltendes Eck der Kammer gewehet, das andere aber noch einmal umgewendet, und die weiter herauskommende Wolle eben auch in das Eck getrieben, der Unrath, Aeſte und liegen gebliebenes Laub aber auf die Seite gebracht. So iſt die reine Wolle in weniger Zeit beyſammen.

Wo Dienſtleute ſind, kann das Abhauen und ins Haus bringen durch ſolche, das Reinemachen aber durch Kinder und ſchwache Leute geſchehen. *)

G 5   Der

---

und dieſe ausbleiben würde, bis ſich die Aeſte wieder erholet hätten, wenn Hauptzweige abgehauen würden.

*) Auch durch Kinder von 8 bis 15 Jahren ließ ich von den Bäumen die Träubchen, oder

Der Gebrauch dieser Wolle ist folgender: 1) Läßt sie sich zum Steppen, auch Unterfutter, zu Seidenkattun und andern Zeugen gebrauchen. 2) Macht man Lichtergarn oder Döchte daraus. 3) Wenn solche zur Hälfte unter levantische Baumwolle gearbeitet und gesponnen worden, lassen sich artige leichte, halb seidene und halb baumwollene Zeuge daraus fabriziren. Die im vorigen Jahre davon verfertigten zwey Stücke haben die Probe davon gewiesen. In diesem Jahre wird man aber durch einen größern Versuch deren anderwärts verfertigen lassen. 4) Giebt dieselbe auch leichte, doch sehr warme Oberbette und Kopfküssen, wenn sie mit geringen, sich hiezu gut schickenden sogenannten Gänseblumen oder Pflaumenfedern vermischt worden, indem dergleichen Bettwerk den Eiderdunen zimlich nahe kömmt.

Dieses sind die nach und nach damit zu Stande gebrachten Versuche.

Wie nun zu wünschen, daß solche zu einer weitern Vollkommenheit kommen könnten, so ist man
dieß-

---

wolligte Saamengehäuse pflücken, und andere kleinere brackten sie von den Zweigen los, und säuberten sie von Blättern.

dießfalls bewogen worden, gegenwärtige Nachricht in Zeiten, und wenn man sich etwa deren in diesem Jahre gebrauchen wollte, bekannt zu machen.

Die Versuche des Herrn O. E. R. Heckers in Berlin sind zu lesen in Krünitzens Encyklopädie 27 Band, Seite 60 von teutschen Weidenbäumen und Pflanzen.

Die Mark, Pommern, Preußen, Schlesien machten schon vor vier Jahren zur Pflege dieser Gewächse öffentliche Anstalten, sammelten diese Wollarten, und verwendeten sie zu verschiedenem Gebrauch, wie in den Werken des Herrn Prof. Gleditsch zu ersehen.

Doktor Böhmer führet in seinem Schauplatz der Natur im 9ten Bande unter dem Art. Weide alle Vorzüge an, welche die Wolle dieses Baumes gewähret, und zeiget auch ihre Bearbeitung nach den damit angestellten Versuchen nebst jenen Schriften an, welche hiezu eine eigene Anweisung geben.

Im Hamburger Addreßkomtoir vom Jahre 1767 ist folgende Nachricht öffentlich bekannt gemacht worden:

Der

Der Herr Prof. Häbelich, erster Bürgermeister, zu Erfurt hat eine neue inländische Baumwolle erfunden, welche aus inländischen Weidengewächsen verfertiget wird, und auf dem schlechtesten Boden als Stauden und Baumgewächs fortkömmt. Der ganze Gebrauch kömmt auf die Zubereitung an, wozu der Herr Professor eine Maschine entworfen hat, durch welche die rohe inländische Baumwolle nicht allein von allem Unrath gleichsam gesäubert; sondern auch zu einem gehörigen Zusammenhang gebracht; mithin zum Spinnen schicklich gemacht wird. Das ganze Kapital, das man auf diese Maschine verwenden muß, beträgt ohngefähr 4 Groschen; mit diesen kann ein Knab von 12 bis 15 Jahren so viele Wolle zur Spinnerei appretiren, als kaum 4 Krempeln (Kartätschen) bey der macedonischen Wolle vollenden können.

Herr Professor Habelich hat von seiner teutschen Wolle Dochte zu Lichtern, Barchent, Kattun, Manschetten, Strümpfe, Hauben und Schnupftücher verfertigen lassen, und dem Hamburger Abbreßkomtoir zur Ueberzeugung derer, welche nicht glauben, ohne Zeichen und Wunder zu sehen, eine Probe eingesandt. Die Wolle soll so gut ausgefallen seyn, daß selbst zwey gebohrne Macedonier solche für

zypri-

cyprische Wolle angesehen und gehalten haben. In Schäffers 81 Papierversuchen findet man Gestricktes und Gewirktes, als Pomesin und Leinwand von 2 Drittel Pappel- und 1 Drittel ausländischer Wolle. In der Geschichte inländischer Wollarten von 1788 sind Professor Herzers Versuche mit denen des Herrn Pastor Schäffers ausführlicher angeführt. *)

Es kommt aber zur Zeit der Blüthe vorzüglich darauf an, ordentlich und vollständig zu wissen, wie diese Wolle zu sammeln, aufzubewahren, zu reinigen, und zur ökonomischen Brauchbarkeit schicklich zubereitet werden könne.

Ein ausführlicher Sammlungs und Reinigungs Unterricht wird also am erwünschlichsten und nöthigsten für das teutsche Publikum seyn, da die Weiden, deren Linne bey 32 Arten anführt, überall bekannt sind, und es also zu ihrer Kenntniß keiner weitern Beschreibung bedarf. Alle weiblichen Weidenblüthen tragen solche Wolle, worunter vorzüglich die Schwarzpappeln oder Albern, die babilonische,

---

*) Diese ist auch in dem physikalischen Tagebuch von Herrn Professor Hübner zu Salzburg für Freunde der Cultur von 1788 zu lesen.

nische, Palm- Lorbeer- und Bachweiden ꝛc. und Felber, kurz, sowohl Baum- als Staudengewächse von Weiden die feinste Wolle tragen.

Die Zeit ihrer Blüthe fällt in Teutschland überhaupt in die Mitte des Monats April, und endet sich im July. *)

Die Art der Früchte ist den Weinbeeren bey den Schwarzpappeln sehr ähnlich, die übrigen Weiden haben aber länglicht kleinere, wie Kegel zugespitzte viele Beere, die doch träubchenförmig sind, und sie werden alle bey ihrer Reife mehr oder weniger gelb, schwellen an, zerplatzen bey ihrer völligen Zeitigung, und überlassen dem Winde den Saamen, den die Natur theils zur baldigen Zeitigung mit Wolle versah, theils darum dieser Wolle mitgetheilet haben mag, wie es auch am wahrscheinlichsten ist, daß der Saame nicht gleich senkrecht aus diesen beerenartigen Saamengehäuschen falle, sondern durch einen wohlthätigen Wind fortgeführt werde, und dort oft Wurzel schlage, wo keine Menschenhand

---

*) In mehr nördlichen Gegenden fällt sie später, so wie in mehr südlichen früher ein.

hand hinreichen konnte, welche Besaamung freilich auch oft durch Vögel geschieht.

Die Weiden laſſen ſich durch Zweige und Ableger leicht fortpflanzen. Daß aber die Wolle nicht ungenützt verfliege, ſind folgende Sammlungsanſtalten zu machen, um dieſe weiblichen wolligten Blüthen, die man Katzen, Zapfen, Würſtchen, Träubchen oder Aehren nennt, zu erhalten, wozu die männlichen in Rückſicht der Befruchtung zwar dienen, nach dieſer Erfüllung ihrer Beſtimmung aber auch ihre nicht mehr brauchbare Kätzchen abfallen laſſen.

Siehe Doctor Weißmantels (ſonſt Schneider genannt) phyſikaliſche Beyträge, zu Erfurt herausgegeben, wo er in der Mitte dieſes Werks über die Verbeſſerung des Weidenbaues ſchreibt, und vorzüglich die mediciniſche Wirkung der Rinde dieſes Baum- und ſtrauchartigen Gewächſes in Fiebern ſtatt der Chinarinde anrühmet.

Sammlungs-Unterricht für Baiern und die umliegenden Gegenden.*)

Nach der Mitte des Aprils blühen die Aespen (populus tremula), in der Mitte des May die Weiden, zu Ende desselben die Schwarzpappeln oder Albern, und die Staudengewächse immer eher, als die Bäume.

Wenn man daher beobachtet, daß die Zapfen, Träubchen, Kätzchen oder Würstchen dieser weiblichen Bäume anfangen aufzuspringen, und durch den Wind und Regen ihrer Wolle beraubt zu werden, so ist die Zeit ihrer Reife da, und man muß alsdann auf die Sammlung derselben sogleich bedacht seyn, welche auf grossen Doppelleitern mit Hageschneeren, oder langen vorne gespaltenen Stangen zu pflücken, wie es beim Obst zu geschehen pflegt, und nach eines ieden Orts Bequemlichkeit über-

---

*) Die andern Kreise Teutschlands richten sich hierinn nach ihrer Blühezeit und Witterung.

Bequemlichkeit überall am thunlichsten zu seyn erachtet wird, worauf man sie in Körben, Verschlägen, Fässern, aber nicht in Säcken, nach Hause transportiren soll; denn in Säcken fallen die Beeren leicht ab, und wenn sie zu lange aufeinander liegen bleiben, faulen sie darinn am ehesten, oder verderben gar durch eine Gährung, welches auch in iedem Gefässe, wenn die Träubchen (Kätzchen) über etliche Stunden lang zu dick aufeinander lägen, geschehen würde.

Bei der Transportirung aber ist wohl zu bemerken, daß in den Gefässen keine Blätter und Zweige mitgenommen werden, weil sonst unzählige Mücken und Würmer, wo nicht zum Nachtheil der Wolle, doch zu vieler Unbequemlichkeit, sich einfinden würden, wie wirklich die Erfahrung zu meinem eignen Schaden mich überführet hat.

Prof. Gleditsch sagt im II. Bande seiner ökonomisch und botanischen Abhandlungen Seite 219. Bei nassen Jahren ist darauf gar genau acht zu geben, und dagegen mächtige Vorsicht zu brauchen, damit nicht die ganze Sammlung dieses Produkts auf einmal fehlschlage und sich vereitle. Das Abpflüpflücken der Aehren, (Kätzchen, Zapfen) kann durch dazu unterrichtete Kinder gar wohl vollbracht werden, damit man die erwachsenen Personen nicht bei andern Haus- und Feldarbeiten vermisse; und Seite 181 schreibt er: Das Ablesen und Sammeln würde, wo nicht überall sehr grosse Gelegenheit wäre, künftighin bey zunehmender Menge in alten Gebäuden, wo grosse Kammern und Boden sind, und zwar in Hospitälern, Waisen- und Arbeitshäusern, mit wenig Kosten durch Kinder, alte und krüpelhafte Leute geschehen können, welche bey kühler Witterung die aus den Zapfen, wenn sie locker übereinander liegen und aufspringen, hervorgekommene Wolle bequem ablesen sollen, wodurch, wenn es mit reinen Händen geschieht, die erste und feinste Gattung Wolle erhalten wird."

Vielleicht würde dieser Artickel eine Art von Unterhaltung für die Monate September, Oktober und November, für gewisse Spinndörfer mit abgeben können, wo man hernach die Wolle lesen, reinigen, mischen, und streichen, auch nach verschiedener Stärke, als in einer ordentlichen Niederlage, spinnen lassen könnte; wie es die Baumwollenfabrikannten, blos oder in vermischten Waaren, zu nützen gut finden. Sollte sich auf dem Lande keine Gele-

Gelegenheit finden, diese Baumwolle ordentlich zu gewinnen, wie es seyn muß, so wird der Landmann dennoch seine Bäume pflücken, und an dergleichen Oerter zu weiterer Sammlung der Wolle nach geschloßner Taxe schäffelweise für gewisse Preise die reifen Zapfen, Aehren oder Kätzchen bringen können, da man aus dem Schäffel 3 bis 4 Pfund Wolle rechnen kann.

Um aber der inländischen Handlung einen neuen Zweig zu verschaffen, und dergleichen nützliche Baumwolle zur Verarbeitung künftig jährlich in Menge zu gewinnen, da die Aufbehaltung wenig oder nichts kostet, und demohngeachtet erst nachher desto importanter werden muß, da alle Proben der Nutzung und Verarbeitung den Gebrauch bey allerhand Waaren, die curantes Kaufmannsgut sind, auch ohne daß sie auf leere Projekte und Spielereyen hinauslaufen sollten, den Landmann von der Realität der Sache überzeugen, welcher, ohne sie gründlich kennen zu lernen, sonst zu widersprechen gewohnt ist; so muß man baldmöglichst im Lande die Baumwollenweide überall aufsuchen; auch an allen gleichfalls angezeigten schicklichen Orten, so geschwind und so häufig man kann, anpflanzen, um nach und nach mit den Jahren davon eine im-

Was ihre Anpflanzung und jährliche Vermehrung weiter betrift, so hat solche nicht die geringste Schwierigkeit, wenn sie in gewisser Ordnung befolgt wird, daß diese Weide nämlich etwas später, als andere Weiden im Lande, gepflanzt seyn muß. Deßwegen kann diese Vermehrung allezeit in der Mitte des Merzes, und den ganzen April festgesezt werden, wenn der Frost aus der Erde, und sie nur etwas erwärmet ist, wenn sie nur schon auszuschlagen, und zu blühen angefangen hat, wie die Erfahrung bestättiget. — Sie hat zwar überhaupt bey der Vermehrung größtentheils die Eigenschaften der übrigen Weidenarten, vermehrt sich aber nirgend bey uns so ausschweifend, wie die andern Weiden. Durch den Saamen geschiehet es am allerwenigsten, da man keine Spuren ihrer jungen Saatweiden in den Elsbrüchen zeither gefunden hat. Also kann es blos durch abgehauene Zweige geschehen seyn, die zufälliger Weise an nassen Orten liegen blieben, und Wurzeln schlugen, oder, wenn dergleichen mit Fleiß eingelegt worden sind; den Anbau der Weide muß sich also niemand selbst beschwerlich oder mühsam machen.*)

*) In dem mit Strömen, Flüssen, Bächen und Weyern gesegneten Baiern sind sie ohnehin schon in grosser Menge. Es sind also die Zweige

Nun zur Reinigung dieser Wolle nach meiner Anleitung.

Nach geschehenem Transport sind auf einem leeren Platze, wo die Sonne zwar hinscheinen, aber der Wind die Wolle nicht verwehen kann, die Träubchen zur Verhütung der Fäulniß, und zur Beförderung geschwinder Trocknung nicht zu dick, sondern so dünn als möglich, aufzuschütten, und mit Rechen auszubreiten, auch täglich nach Gutbefinden umzukehren; wo dann die ohnehin schon gezeitigten Nüsse durch die Wärme ganz reif werden, und in zween Theile zerplatzen, worauf die Wolle so häufig, nachdem die Wärme seyn wird, hervorquillet, daß man ein Feld mit Schnee bedeckt zu sehen glaubet, wenn man diese überraschende herrliche Naturerscheinung erblicket. Hierauf gehet man durch die Beete, wie sie in Gärten sind, die man auch auf dem

---

ge überall leicht zu erhalten, um die Fortpflanzung dadurch noch mehr zu befördern. Aber beym Saamen muß ich eben das Gegentheil behaupten; denn woher kämen sonst auf neu aufgeworfenen Hügeln, und kleinen Inseln am Wasser die Weidensträuche, wenn sie nicht durch Saamenanflug, oder durch Vögel-Unrath hinverbreitet würden?

dem Aufschüttboden eben so leer zum Durchgang läßt, wie die Durchgänge zwischen den Gartenbeeten sind, mit einem Federweher oder auch nur gewöhnlichen Fruchtsack, worinn ein Stänglein gesteckt, ist, gehet, und wehet so, wie die Bauern demjenigen, der die Frucht in der Tenne der Scheuern, (Stabel oder Speicher sonst genannt) wirft, einen Wind entgegen zu machen pflegen. Dadurch wird die leichte entwickelte Wolle in ein zuvor leer gelassenes Eck des Bodens gewehet, und so ist sie dann von Hülsen gereiniget, und hat nur den Saamen mehr; welches vollends ganz geschieht, wenn es mit Rechen, oder andern beliebigen Werkzeugen öfter aufgerühret, und so oft wiederholet wird, bis aus den Hülsen alle Wolle sich losgemacht hat.

Sind die Hülsen nicht ganz aufgesprungen, aber doch getrocknet, so ist folgende Art, die Wolle herauszubringen, die leichteste, sicherste, und geschwindeste:

Man macht, wie bei Hutmacher Horden, oder ausländischen Wollreinigungs-Horden, runde oder viereckigte Siebe nach Belieben, worauf man Fäden von Spagat, Drat, Saiten spannet, und mit

zween

zween Stecken auf die trockenen Hülsen der Kätzchen, Zapfen, Träubchen oder Achren schlägt, wodurch die Hülsen durchfallen und die Wolle oben weggewehet wird, wenn die Zwischenräume der Horden oder Siebe passend, und der Größe derselben angemessen formiret sind. Vielleicht ließen sich blos von Weidenruthen solche Horden schicklich machen. Zur eilfertigen Trocknung der gesammelten Wolle würde die Ausbreitung auf Seidenwürmer-Stellagen, wie sie Hr. Prof. Gleditsch anräth, oder die Ausbreitung auf grossen Woll- oder Hopfenziechen, so wie auch die Einrichtungen und Stellagen der Lebzelter das geschwindeste und sicherste Mittel seyn, wenn sie, wie Glasbeeter in Gärten, mit Gläsern, oder hiezu eng genug gestrickten Netzen, vor dem Wegwehen der Wolle durch den Wind gesichert, und vor dem Regen bewahret würden. So wäre die Reinigung von Hülsen meines Erachtens die schicklichste. —

Daß es der Mühe lohne, diese Blüthen-Wollarten zu sammeln, ist einleuchtend, wenn man bedenkt, daß ein Grenadier von Prinz Max. Regiment in München, Namens Resch, 1789 täglich 48 bis 50 Pfund Albern- oder Schwarzpappel-Wolle allein gesammelt, und also täglich so viel Kreuzer ver-

verdient habe, da ich ihm für das Pfund nur 1 Kr. mehr gab, obschon ich 1785 bis 89 es um 2 Kr. grün gleich vom Baum her bezahlt hatte. Ao. 1785 und in den folgenden Jahren gab ich dem Manne 24 bis 30 Kr. Taglohn. Die Leute waren aber fleißiger, wenn man sie Pfundweis zahlte, und zween, worunter ein Bürger Namens Goser von München, sammelten oft täglich mehr als einen Zentner. Sie konnten es auch leicht, da ein Schwarzpappel- oder Albernbaum über 3 Zentner Blüthenwolle, (samt Hülsen und Körnern versteht sich,) getragen hat, wovon ich um München, Perlach, Basing, Mensing, besonders auf nassen Gründen, bei Wässern, selbst die Erfahrung gemacht, wo dergleichen Bäume zugleich den stärksten Damm machen, wie die Weiden, Felber überhaupt zu guten Dämmen sehr nützlich sind.

Weiden (Felber) Blüthenwolle, oder Zitteraspen Blüthenwolle trägt ein Baum grün gegen 50 Pfund; die Stauden tragen bei diesen, wie bei obigen nach ihrer Grösse, und überhaupt nach ihrem Boden, ihrer Lage und Art. —

Auch von Weiden brachten 3 Weibspersonen 1789 täglich über 30 Pfund, und mancher flinke Knabe brach-

brachte allein oft so viel. Sie erhielten für das Pfund grüne Weidenwolle 2 Kr., weil die Blüthenfrucht kleinere Kätzchen hat, also mehr nöthig ist, als bei einem Pfund Albernwolle, die stark ins Gewicht fallen. Meines Erachtens sollte von der Schwarzpappel, oder Albernwolle künftighin für das Pfund im Anfang, bis die Leute sie zu pflücken gewohnt sind, 1 Kr. dann 2 Pfeninge, und dem innern sichern Werthe nach fürs Pfund nur ein Pfening abgereicht werden, je nachdem der Baum hoch, oder mehr, oder minder beschwerlich zum sammeln seyn wird. Die feinere Weiden- oder Zitterespenwolle soll aber um 1 Kr. im Anfang, und dann um 2 Pfeninge angekauft werden; welches alles der Ort und die Umstände deutlicher an die Hand geben, wenn man sieht, wie viel einige zuerst sammeln, und mit was sie in ihrer Gegend leben können. Die Aufschüttung, Transportirung, Reinigung und Zubereitung ist bei beiden, wie oben angeführt worden; das Uebrige zur vollkommenen Reinigung folgt.

Trocken kaufte ich das Pfund Albernwolle um 4 Kr., um 6 Kr. das Pfund Weidenwolle; doch finde ich, daß nach obigen grünen Ankauf die trocknen Kätzchen samt Wolle, Hülsen und Körnern um 2 bis

bis 3 Kr. theuer genug bezahlt sind. Jedem geben eigene Gelegenheit, eigene Umstände selbst mehr an die Hand, und jeder muß vorzüglich klug nach seiner Lage darinn zu Werke gehen.

Nehmt dies Opfer, ihr lieben teutschen, besonders baierischen Mitbürger, die ihr mit Grund zu untersuchen gewohnt seyd, und Muth genug habt, vielleicht baierische Eiberdunen herzustellen, die diese Saamenwolle vielleicht durch Rösten, Dörren einst liefern könnte; die ihr, nicht mehr gleichgiltig gegen Schäffers Papierversuche, vielleicht mit innländischen Wollarten ausführet, was er in Versuchen dargethan hat: denn alle obigen Wollarten können noch wohlfeiler einst angekauft werden, wenn man sich auch darnach anrichtet und ordnet.

An adhucdum
Tantae molis erit, Germanam inducere
lanam?

Lieben, biedern Landsleute, ich bin bereit, zu jeder öffentlichen Arbeitsanstalt einen oder mehrere Centen Schwarzpappeln- oder Albernwolle zur Probe ihrer Brauchbarkeit um meinen eigenen Ankauf euch zu erlassen, um zur künftigen Sammlung so vielen Segens des baierischen Erdbodens euch zu ermuntern. Der

getrock-

getrocknete Centen mit Hülsen und Saamenkörnern kommt auf 10 fl. Sie von Hülsen reinigen kann jedes Kind so: Man spannt nämlich einen Spagat, Drath oder Saiten in die Länge und Breite so auf, daß die Hülsen, wenn das Kind mit zween Stecken auf die darauf gelegte Wolle schlägt, durchfallen können, und die herausgeschlagene Wolle oben darüber weggewehet werden kann. So hat man die Wolle rein von Hülsen.

Meine Maschine, die unzählige Menge Saamenkörner wegzubringen, ist auf dem Instrumentensaal der kurfürstl. Akademie der Wissenschaften in München im Modell, nach meiner Angabe, meisterlich verfertiget von Joseph Linderer *) einem gebohrnen Baier, und Maschinisten im kurfürstl. Militärarbeitshause zu München. Eine sehr ähnliche Maschine **) ist für den Magistrat in Breslau vor ein

---

*) Er ist Palier und vom Kloster Roth im Oberlande Baierns unweit Gosenheim gebürtig; er hat schon mehrere Maschinen erfunden, oder gut ausgeführt; besonders ist sein Nothstall zur Beschlagung muthiger Pferde gut gemacht.

**) Diese, und folgende angeführte Maschinen werde ich in folgenden Heften, so deutlich als möglich gezeichnet, liefern. — Diejenigen

ein paar Jahren verfertiget worden. J. J. 1790 hat Hr. Schmidhueber, bürgerl. Schullehrer in Tittmaning, im Salzburgischen, nachdem er die Meinige gesehen, auch eine verfertigt, welche im Modell in der Kunstkammer zu Salzburg aufgestellt ist. Die beste und wohlfeilste hatte Hr. Prof. Habelich, erster Bürgermeister in Erfurt; denn sie kostete nur gegen 24 Kr., und er reinigte und appretirte zugleich durch Knaben von 12 bis 15 Jahren damit täglich zur Spinnerey so viel, als kaum 4 Krempeln (Kartätschen) bei den macedonischen Wollen vollenden können.

Des Herrn Director Liungquists angegebene Maschine, diese Baumwollarten zu reinigen, ist abgezeichnet im 7. Band 7. §. S. 51. der schwedischen Abhandlungen. Was Bertrault Hutmanufacturier zu Paris, (siehe Journale de Commerce vom Jahr 1769 Nro. 44.) für eine Maschine dazu gehabt haben mag, ist mir nicht bekannt.

Diese Wolle giebt im Spinnen dreymal so viel als andere ausländische aus, hat gar keinen Abfall, und liefert ein Floretseidenartiges Zeug.

In

---

welche im kleinen als Modelle, oder im großen die Maschinen selbst, gerne hätten, belieben sich nur an mich zu wenden.

In Berlin geschah das Streichen der innländischen Wolle mit der levantischen in Vermischung mit kleinen und feinen Kartätschen (Krempeln) dergleichen man sich daselbst zur Zubereitung der Floretseide bedient; denn da bey diesem Streichen wegen Kürze der Wolle auf die Gleichheit der Fäden besonders zu sehen, so geschieht dieses Streichen derselben allein in die Länge, damit Faser an Faser zu liegen kommt, und zwar auf dem Knie am besten, anstatt daß es sonst, wie bei der ordentlichen Baumwolle, in die bekannten Flöten gemacht wird.

Das Spinnen wird auf denen in Berlin neuerlich eingeführten und verbesserten kleinen Rädern vorgenommen, und aus 1 Pf. 20 bis 21 Stück gesponnen; auch hat man nicht zu fürchten, daß sie beim Spinnen verstäube, wenn man nur ordentlich zu verfahren verstehet, wie dann dieses Vorgeben gegen die allgemeine Erfahrung lauft. Aus einem solchen Garne sind in Berlin vor das erste Strümpfe verfertiget worden, welche man theils roh gelassen, theils schwarz gefärbt hat. Ferner hat man sehr dauerhafte Schnupftücher, auch 2 Ellen breites gestreiftes Zeugs mit leinen Aufzug davon verfertigt, und endlich auch einen guten Kattun daraus gewebet.

Da

Da es nun blos auf einen jährlichen beständigen Vorrath von dieser sehr feinen Baumwolle hauptsächlich ankommt, und aus denen damit gemachten vorläufigen Proben sowohl, als andern davon Anfangs schon bekannt gewordenen Umständen mit großer Gewißheit voraus zu sehen ist, daß dieses vortrefliche Landesprodukt mit der Zeit beim Manufaktur- und Fabrikenwesen mit wirklichem Vortheile im Lande weiter und besser zu verarbeiten stehen werde, auch unter den Händen erfahrner und künstlicher Fabrikanten recht gute und ächte Kaufmannswaare geben könne: so kann man die wirklichen Anstalten zur Anlage der hiezu erforderlichen Sammlung der gegenwärtigen und Beförderung der künftigen Weidenplantagen gewiß für ein höchst importantes Werk ansehen, das in der Folge bei der Landwirthschaft, Manufakturund Fabrikenwesen einen neuen, sehr natürlichen Nahrungszweig verschaffet, der allemal immer um desto wichtiger seyn muß, da er ohne Abgang der übrigen Artikel einen jährlichen Gewinnst dem Landmann ohne große Kunst und sonderliche Mühe liefert, und jeder sich ohne sonderliche Kosten mühesamer Unterhaltung von selbst erhalten kann. —

Um die Weidenplantagen (worunter auch Schwarzpappel- oder Albern- und Zitteräspenplantagen verstan=

standen werden) sicher und zur Wollenerträgniß gut anzupflanzen, würde ich ein solides Werkchen liefern, wenn sich Subscribenten und Pränumeranten fänden. Es würde nur auf einen Reichsthaler kommen und man hätte sich nur an mich zu wenden. Sein Innhalt wäre:

Was that Baiern, Schwaben, Sachsen, Schlesien, Schweden, Frankreich, in Rücksicht auf Weidenplantagen, und wie benützten sie diese, besonders in Teutschland und Baiern häufigen Wolle tragenden Gewächse?

Herrn

Herrn Direktor Linugquiſts Erfindung, die ſchwediſche Baumwolle zu reinigen und zuzubereiten, der königlichen Akademie der Wiſſenſchaften übergeben. *)

───────

Der große Nutzen und Vortheil, welchen die Erfindung der ſchwediſchen Baumwolle ſicherlich dem gemeinen Weſen zuwenden kann, macht die Ausarbeitung derſelben deſto nöthiger, und die Ehre und den Ruhm des Erfinders deſto größer, weil man jetzo von einer Sache Nutzen erhält, welche vor dem ganz und gar nicht zu brauchen, ſondern vielmehr noch ſchädlich war, und weil man auf ſo nahen Aeſten ohne Bezahlung etwas unternehmen kann, das man ſonſt mit ſchweren Köſten und Aufwande von entfernten Orten holete.

J Da

─────────────────

*) Aus den ſchwediſchen Abhandlungen VII.B. VII. §. 51. S.

Da die erste Probe von dieser schwedischen Baumwolle vorgezeiget wurde, befahl mir das Manufakturamt der hochlöblichen Reichsstände, eine bequeme Art auszudenken, wie der Saame und andere Unreinigkeiten davon zu scheiden wären, welchem ich auch sogleich nachkam. Meine geringe Erfindung hatte das Glück, bey hochbemeldtem Amte Dank und Beifall zu erhalten, und man verlangte, sie durchgängig bekannt zu machen. Diesem zu Folge und auch des gütigen Gefallens wegen, den die königliche Akademie der Wissenschaften bei erwähnter Erfindung bezeiget, achte ich es mir für eine besondere Ehre, wenn dieser Aufsatz unter den gelehrten Schriften der königlichen Akademie die Ehre hat, dem gemeinen Wesen nützlich zu werden.

Da ich verwichenen Sommer durch Ostgothland und Småland reisete, fand ich viele, die nach Anleitung meiner in Druck ergangenen Beschreibung von der schwedischen Baumwolle einen starken Vorrath von beiden Arten gesammelt hatten. Aber sie beklagten sich, daß sie solche in Menge nicht so rein bekommen könnten, daß sie mit Vortheil zu gebrauchen wäre. Dieser Schwierigkeit wird hoffentlich durch die Maschine abgeholfen. —

Die Baumwolle, welche auf der Art von Weiden *) gefunden wird, die man Jolster, oder **)
Hälster nennet, kann wohl zum Stopfen angewandt werden, obgleich die kleinen Saamen in ihr
zurücke bleiben. — Doch wird niemand läugnen,
daß sie zu dieser Absicht viel feiner und leichter
wird, wenn man die Saamen heraus nimmt, wobei
sie noch den Vorzug bekömmt, daß sie sich bei dem
Gebrauche nicht zusammen klümpert. Soll sie aber
gesponnen und gewalket werden, besonders die
Wolle vom Grase, oder sogenannten Epilobio, ***) so
ist es unumgänglich nöthig, sie von ihrem Grase
und ihrem Saamen zu reinigen. — — Mit dieser
Maschine kann eine einzige Person in einem Tage
solches auf etliche Pfund so wohl und richtig

bewerk-

---

*) Salices, populi nigrae et populi tremulae,
Schwarzpappeln und Aespen sind auch 51 Arten
von Weiden, deren Linne 32 anführt.
Anm. d. V.

**) Die Weide mit elliptisch lanzenförmigen Blät-
tern, die auf beiden Seiten glatt, steif sind,
und keine Ohren haben, de Hall plant. helv.
152. n. 4. Linn. fl. Suec. 792. β K.

***) Weiderich Wolle, wächst in Forsten häufig,
auch am Wasser, und pflanzt sich durch Saamen und Wurzeln fort.
Anm. d.V.

bewerkstelligen, daß die Wolle so rein und so weiß, als ein Schnee, und so gelinde, als die feinste Seide wird. — —

Es ist bekannt, daß sich diese Wolle, ihrer Dichte wegen, schwer handthieren läßt, und leicht davon fliegt; wenn sie aber auf diese Art zubereitet ist, kann sie wohl verwahret und eingeschlossen werden, daß ihr nichts widerfahren kann.

Diese Maschine dienet auch besonders bei Verfertigung seidener Watte, da man ohne Schwierigkeit die Wolle so staubicht und aufschwellend, auch so eben machen kann, als man nur verlangt. —

Die Erfindung ist nicht weitläuftiger noch kostbarer, als daß sie zu allgemeinem Gebrauche dienet, und auf dem Lande von einem gemeinen Bedienten, der etwas mit Handarbeit umzugehen weis, kann verfertiget werden, welches aus der Zeichnung und der im II. Bande folgenden Beschreibung erhellet. *)

Ouvrier

---

*) Die Beschreibung und Zeichnung dieser Maschine wird im künftigen Hefte folgen.

Ouvrier, Prediger zu Bützow, beweiset die Nothwendigkeit solcher Anstalten, da er über die wirksamsten Mittel zur Beförderung des Fleißes, der Betriebsamkeit, und einer thätigen Religion des Volks, nebst Vorschlägen zur Ausführbarkeit derselben, folgendes schreibet: *)

Ursache des Verfalls der Volkssitten, der Bevölkerung und des öffentlichen Wohlstandes.

Es ist allgemein wahr und gegründet, daß die Sitten des Volks sich merklich verschlimmert haben, und von Zeit zu Zeit mehr verschlimmern, daß daraus die traurigsten Folgen für die allgemeine Wohlfahrt und das Glük des Landes entstehen müssen, daß dieses fortschleichende Verderben von Glied zu Glied bis zur untersten Volksklasse des Staats unter

mannich-

---

*) Berlin 1788 bey Friedrich Maurer gedruckt, und Ihro Majestät der regierenden Königinn von Preußen gewiedmet.

mannichfaltigen Gestalten hindurch schleicht — Aber wie demselben abzuhelfen? das ist die wichtige Frage, an deren richtigen Beantwortung dem Menschenkenner, so wie dem Verehrer einer thätigen Religion, gleich viel gelegen ist.

Ist es nun mit der Sache ein Ernst, dem Strom der Verdorbenheit einen Damm entgegen zu setzen, wo möglich Einfalt der Sitten, Arbeitsamkeit, Treu und Glauben, Genügsamkeit, Mäßigung, diese verschwundenen Tugenden eines guten Volks, in den Schooß des Vaterlandes zurückzuführen: so, deucht mich, muß man auf die Ursachen, das Entstehen der Uebel zurück denken, die dem gemeinen Wesen diese blutenden Wunden geschlagen haben. Denn unter unrichtiger Behandlung, unter Scheinmitteln, wächst vielleicht das Verderben, verschlimmert es sich um so mehr; und wo man den wahren Grund, die Entstehungsart des Uebels nicht richtig genug ins Auge faßt, wie leicht ist es da, zu irren?

So viel man sich erinnern wird, war dieses Volk, über dessen Sittenverderbniß wir so gerecht klagen, vor nun einigen dreyßig Jahren, im Allgemeinen arbeitsam mäßig, genoß seines Erwerbs mit glücklicher Zufriedenheit im häuslichen Wohlstande. Sein

Sein altes Kleid, seine alten Gulden, so wie seine alte deutsche Redlichkeit sicherten ihn vor aller zaghaften Furcht, der Dürftigkeit, verwahrten seine Tugend vor dem Hang zum Betruge, zur List, zu ehrlosen Handlungen. In dieser glücklichen Unwissenheit beruhete sein Wohlstand lediglich auf seinem Fleiß und seiner guten Wirthschaft. Sein ächter Putz für sich und seine zufriedene Familie erbte von Vater und Mutter bis auf Kind und Kindeskinder. In diesem ruhigen Gemüthszustande wirkte das Göttliche der Religion unmittelbar auf sein Herz. Treu und Glauben war sicher, ein Handschlag war die festeste Burgschlag, seine Andacht war herzlich, aufrichtig, seine Religionslehrer waren ihm werth, weil man in ihnen nicht das Verdienst einer hohen Beredsamkeit in erkünstelten Worten, sondern ehrliches gewissenhaftes Wohlmeinen mit der Seelen-Wohlfahrt der ihrer Führung anvertrauten Gemeine suchte, sie als Wärter und Wächter bürgerlichen Tugenden betrachtete, als solche, die für die Seelen und für die Tugenden ihrer Pfarrkinder Rechenschaft zu geben hätten. Seine Prediger waren ihm seine Freunde, seine Rathgeber, sie waren ihm selbst die Muster der Eingezogenheit, des Fleißes, der Sittsamkeit in ihren Familien. Ihr Ansehen war groß. Freimüthigkeit, Unerschrockenheit, Wärme herrschte in ihrem Vortrage, und in ihrer ge-

genseitigen Vertraulichkeit, die das einstimmige Streben nach gleicher Beförderung einer gemeinschaftlichen Sache erzeugte, achtete man es für Gewissenspflicht, sich einander Mängel und Fehler mit der offenherzigsten Redlichkeit zu entdecken. Glückliches Einverständniß!

Sein Magistrat, Obrigkeit, Beamte waren noch nicht durch den Stolz des Vornehmseyns und einer elenden Pracht verdorben; sie waren nicht sowohl Regierer, Regenten, als Väter des Volks. Vertraulichkeit, guter Rath in häuslichen Angelegenheiten, treuherziges Wohlmeinen herrschte zwischen Obrigkeit und Unterthan, verschloß tausend Prozessen den Mund. Dem Unterthan war sein Burgermeister, Beamte u. s. w. alles, der einzige, den er nach dem Könige kannte.

So war Volk, Predigerstand, Obrigkeit im Allgemeinen. Ich schilderte hier kein Land der Einbildung; ein jeder, der einige Jahre vor 1756 erlebt und in dem Alter eines möglichen Bemerkungsgeistes erlebt hat, wird meine Darstellung des damaligen Charakters des Volks wahr finden, wird mir mit treuherzigen Geständniß Beifall geben. Selbst, wenn man unverbürgten Nachrichten trauen darf, fand es

unser

unser großer verewigter Friedrich so, wenn er in seinem Alter zurück dachte, und seine ehemaligen treuherzigen, unverdorbenen Unterthanen wieder zurück wünschte.

In dem ebengenannten Jahre entstand der schreckliche Krieg. Ein jeder weiß in diesen sieben Jahren, wie warm das Volk von seinen erblichen Tugenden so herzlich an seinem Könige hieng, und retten mochte, retten wollte, wo es konnte. Ihr Herz und Arm diente dem Vater ihres Vaterlandes.

Der große Monarch sann auf alle Mittel, sich und sein Volk zu erhalten. Die leichtere Münze erschien und mit ihm stieg der Werth der Dinge. Ein noch nie gekannter Ueberfluß am Gelde, dessen innern Werth man nicht wußte, überschwemmte das Land; im Lande selbst blieb alles in seiner Ordnung unverändert. Die arbeitenden Hände gewannen mit leichter Mühe viel, unterdessen der Stand von der Feder und der Kanzel litt. Die Leichtigkeit der Erwerbung, der Ueberfluß war für den einen Theil Versuchung zur Gemächlichkeit, wenigeren Sparsamkeit, und mit dem alten Gelde gieng auch die alte Mäßigung und Arbeitsamkeit verlohren. Man bewahrte nicht mehr so sorgfältig den alt hergebrachten Schatz, weil man ihn

ihn bald mit mehrerem zu erſetzen, leicht fand. Der gedrängte Stand, der nicht an der ergiebigen Quelle des Ueberfluſſes Theil nehmen konnte, wurde von der Verſuchung hingeriſſen, es mit den Geſetzen und ſeinem Gewiſſen nicht mehr ſo genau zu nehmen. Das Bedürfniß zwang ihn, in ſeiner Klugheit Mittel zu ſuchen, und Schlauigkeit, Liſt, Verſchlagenheit, Betrug entſtanden in ihrem fürchterlichem Gefolge. Das Laſter überſtrömte alle Geſetze der Gerechtigkeit und Religion. Man fieng an, darauf zu denken, was man ſich nicht alles zur Sünde, worüber man ſich nicht alles ein Gewiſſen machen dürfte, man erweiterte ſeine Gewiſſenhaftigkeit, und nannte es Abwerfung des alten Jochs, Freiheit im Denken und Handeln, und unter dem blendendem guten Vorwande, die Rechte der Menſchheit wieder herzuſtellen, erlaubte man ſich bey ſeinem Gewiſſen alles. Der Prediger ſchwieg, der entweder die vollen Hände ſeiner Pfarrkinder ſah, und darbte, oder der im Genuß ſeines eigenen theilnehmenden Erwerbs mit fortgeriſſen wurde. So ſchlich die Verdorbenheit, wie eine Peſt, von Glied zu Glied.

Dieſe ſieben Jahre endigten ſich. Das Land hatte an Menſchen, noch mehr aber an Sittlichkeit verlohren. Der Ueberfluß fiel mit dem herabgewürdigtem Werth der Münze. Verlegenheit, Prozeßſucht, Armuth

Armuth erschien plötzlich, Treu und Glauben schwankte. Man grif nach jeden Mitteln, die man in seiner Verlegenheit vor sich fand, und die nicht jederzeit nach Ehrlichkeit, Recht und Billigkeit abgewogen waren. Der Schritt des Mehrseyns war geschehen, und ihn zurück zu thun? — wie schwer das sey, mögen die sagen, die den Menschen kennen, und die Schwierigkeiten der Tugend wissen.

Armuth des Landes an Geld und Menschen machte mehrere Auflagen nothwendig, Steigerung der Aemter und Gefälle nothwendig; diese vollendeten das unglückliche Werk. Der weise König entwarf den großen Plan seiner Regierung, der aus seinen Igemachten Erfahrungen floß. Die Sicherheit seines Throns und seines Volks erforderte Armeen und Schätze. Es entstanden neue Finanzoperationen, neue Verordnungen, neue Einschränkungen, neue Zwangsmittel zur Aufrechthaltung derselben; ich überlasse es jedem Menschenkenner, den Zustand zu beherzigen, und daraus die Folgen für den Charakter des Volks abzuleiten. Was war natürlicher, als daß man nun alles von seinem Verstande erwartete — nicht von seinem guten Herzen — nicht von seinen Tugenden — ein Theil kroch zu allen Gestalten der List und des Betruges, der andere erhob sich zur

ange-

angestrengten Kraft des Denkens zu blenden, auffallend zu seyn, wichtig zu werden, und dieser letztere hielt in seinem Füllhorn Gutes und Böses in Vermischung, wie alle menschlichen Dinge — die Einfalt der Sitten war auf immer verlohren.

Man fieng an, aufzuklären, ehe man den Namen Aufklärung noch kannte oder so gemein brauchte, öfnete die Augen über Vorurtheil und Aberglauben, nahm der Wahrheit die Verdunkelung und den Schatten, der sie begleitete, und wie vortreflich wäre diese Bemühung immer gewesen, wenn sie immer aus redlicher Absicht und ehrlichem Wohlmeinen geflossen wäre! Aber man gefiel sich in diesem lichten Gewande, und stürmte, anstatt man hätte untergraben sollen. Das nun bestürmte Vorurtheil, das sich nun erst für recht wichtig hielt, indem es aus seiner bisherigen Unthätigkeit oder Unwirksamkeit geweckt wurde, spritzte noch zuletzt sein Gift, das bisher unmerklich gewesen war, weit um sich her. Man schrie über Neuerungen in der Religion, der gemeine Mann nahm Antheil daran, und wurde auch in dieser Sache irrig gemacht. Diejenigen, die nun diesen Gegenstand ihrer bisherigen Andacht zu beurtheilen anfiengen, je nachdem ihnen dieses oder jenes merklich gemacht wurde, fiengen an, von

der

der Aufklärung zur Gleichgültigkeit gegen alles, was Religion heißt, überzugehen; denn Untersuchung der Wahrheit ist nur der besten Menschen Sache, und diese Gleichgültigkeit hat nun ziemlich überhand genommen, welche die Aufklärung noch nicht hat vertreiben können.

Ich bin weit entfernt, den Vorurtheilen in irgend einem Fall das Wort zu reden; soviel aber ist gewiß, daß viele aus diesem Grunde die ehemalige Verfassung der öffentlichen Religionslehren zurück wünschen, und der Aufklärung ungünstig sind, wenn sie nur mit derselben jene alte Ehrlichkeit, Treu und Glauben, Genügsamkeit und jene gutherzige Vertraulichkeit zurück rufen könnten, die die Seele des freundschaftlichen Umgangs und der redlichen Theilnehmung ist. Es ist einmal eine Lücke in ihrem Herzen, die ausgefüllt werden muß, und da sie das für Vorurtheil nun halten, was man ehedem für ehrwürdig achtete, und woran sich ihr Herz erwärmte, so öfnet sich nun das weite Feld der Schwärmerey. So unrichtig es nun auch immer seyn würde, wenn man den erleuchteten Einsichten in die wahren Grundsätze der Religion die Schuld der Gleichgültigkeit gegen das, was heilig und göttlich ist, beimessen wollte, so ist doch so

viel

viel unleugbar, daß, wenn die Aufklärung der Menschheit die Dienste leisten soll, die man mit Recht von ihr in der Stelle erwartet, worinn sie eingetreten ist, sie ihren Werth darin zeigen muß, mit wie weit größerem und stärkerem Einfluß sie nun die Ausübung christlicher Tugenden bewirke, und die Gemüther zu jener Stimmung von Einfalt der Sitten, Thätigkeit, der zufriedenen Erwerbsamkeit wieder zurückführe, von der das Glück der Menschheit abhängt, und was denn eigentlich thätige Landesreligion ist, in welcher sich alle Menschen vereinigen. Wenn man denn anfängt, darauf zu denken, was nicht alles zur Sünde werden, was man sich nicht alles zum Gewissen machen muß, wenn es uns von der Gesinnung abführt, so wird das die Zeit der allgemeinen Glückseligkeit des Volks werden.

Da es aber nicht in unserer Gewalt steht, die ehemaligen Zeiten und die Verhältniße, aus deren Veränderung jene Uebel floßen, wieder zurück zu nehmen, die unabänderlich sind, so hat doch der menschliche Verstand in einem wohlgeordneten Erwerbungstriebe eine reiche Quelle von Hülfsmitteln, und wie sind diese dem Volke zu öfnen?

Erstes

Erstes Mittel.

Freye Erwerbung, Eigenthum.

Man giebt den Schriftstellern Schuld, daß wenn sie Plane und Entwürfe machen, der größte Theil derselben, aus Unbekanntschaft mit den Geschäften, dem Interesse des Staats, unausführbar sey, und wenn etwas auch würklich ausführbar wäre, der Sache dadurch im Ganzen nicht abgeholfen würde. Die Darstellung einer wirklichen Thatsache, die schon das Merkmal der Glaubwürdigkeit in sich selbst trägt, wird daher die beste Grundlage eines jeden Entwurfs seyn.

Ein gewisser Herr von R** besaß unter andern ein Gut, dessen Bauern in dürftigen Umständen waren. Die Pächter, die die Ritterhufen bewirthschafteten, wurden ebenfalls bey einer mäßigen Pachtung von achthundert Thalern banquerut, so daß der Gutsbesitzer einen nicht geringen Schaden litt. Endlich ersuchten ihn die Bauern, ihnen die Pachtung, nach dem bestimmten Anschlage, zu überlassen. Der Gutsherr,

Herr, der dies als ein Mittel ansah, ihnen vielleicht dadurch wieder aufzuhelfen, willigte darein, und nach Verlauf von nicht zehn Jahren, sahe man die sichtbare Verbesserung der Bauerngüter, ihren Wohlstand, und eine gewisse Heiterkeit in ihren Verrichtungen, und bey dem allen vermehrte sich die Pachtung.

Nun trug es sich zu, daß dem Guthsherrn eine Summe von zwey tausend Thalern aufgekündigt wurde, die in einer Zeit von wenigen Wochen bezahlt werden sollte. Es war begreiflich, daß dies auch einen Begüterten in wirkliche Verlegenheit setzen konnte. Zufälliger Weise erfuhr dies Dorf die Verlegenheit ihres Herrn. Die Bauern versammelten sich, und kurz der Entschluß wurde gefaßt, diese Summe in der bestimmten Zeit zu bezahlen. Unvermuthet erschienen Abgeordnete: „wir haben erfahren, daß
„Sie genöthiget sind, zwey tausend Thaler in wenig
„Wochen zu bezahlen. Da wir nun glaubten, daß
„Sie dies in Verlegenheit setzen würde, so haben wir
„uns entschlossen, dieses Geld auf den bestimmten
„Tag an Ort und Stelle zu übersenden. Wir ver-
„langen dagegen weder Interesse noch Verschrei-
„bung, sondern eine jährliche beliebige Abrechnung."

Man

Man kann sich das Erstaunen des Herrn (nach seinen eigenen Worten) nicht lebhaft genug vorstellen. Eine so edelmüthige That muste rühren. „Weil ihr so edel und rechtschaffen denkt, so muß ich euch wenigstens zeigen, daß ich es erkenne. Ich nehme euer Anerbieten an, dagegen verspreche ich euch, daß eure Pachtung nicht erhöht werden soll, und alle Streitigkeiten zwischen mir und euch auf immer niedergeschlagen sind."

Diese Begebenheit ist meiner Vorstellung vollkommen angemessen. So wünschten wir, möchte die gemeine Volksklasse denken, so handeln, so werden; aber wie muß sie auch seyn, wenn sie so werden soll? Hilft es etwas, den Bettler in den Lehren der Großmuth, den Sklaven zur Vaterlandsliebe, den Muthlosen, dessen Seelenkräfte schon abgestumpft sind, zur Erwerbsamkeit, Sparsamkeit (wenn ihm das Seinige unter den Händen verschwindet) zu ermuntern? Soll der Mensch so seyn, so muß man ihn dann auch fähig machen, es zu werden; sonst läßt es sich mit Gewißheit voraussehen, daß er es bey allen Lehren, Anlagen, Einwürfen nie werden kann, nie werden wird.

So lange der Pächter noch über die Zeit und Kräfte der Bauern bey ihm und seinen Leuten zu gebieten hatte, ihm mitten in der schicklichsten Zeit seiner Betriebsamkeit Hand und Gespann nahm, und seine Arbeit für sich nuzte, blieb der Landmann arm und dürftig. Sein Gesinde, die Gehülfen seiner Erwerbungen seyn sollten, gehörten ihm den größten Theil des Jahres nur insofern, als er sie ernährte, lohnte; der übrige wichtigere Theil gehörte dem Hofdienst, dem Pächter, der war in mehrerer Bedeutung ihr Herr, und Gehorsam, Liebe, Treue, Fleiß in dem Dienst des Brodherrn — unbekannte, seltene Tugenden. Was that also der Landmann? die Bande des Bluts verbanden wenigstens seine Kinder mit ihm, so bald es nur irgend ihre Kräfte erlaubten, von zehen, eilf, zwölf Jahren wurden diese schon Gehülfen seiner Arbeiten, seiner Dienste, seiner eingeschränkten Erwerbsamkeit — folglich eben diese der Erziehung entzogen. Was bildet nun das Herz des armen Kindes, das in dem Blick des muthlosen kümmernden Vaters keine Spur von Hofnung eines eignen bessern Schicksals sieht? soll nun der Staatsmann dem Erzieher sagen, bildet ihr Herz, ihren Verstand, wenn denn? wo denn?

Aber

Aber der Landmann hatte ehedem auch Hofdienst, auch Pächter, und doch war er wohlhabender, erzog und ließ seine Kinder erziehen bis ins vierzehnte Jahr? wer getraut sich es zu sagen, daß die Erwerbungen vor 30 Jahren jezt noch hinreichend seyn würden, seine Bedürfnisse zu bestreiten, auch wenn man alle Arbeitsamkeit und Mäßigung zurückriefe? — wer, wenn man den ganzen Gewinn des Landmanns berechnet, seine Entrichtungen, unumgängliche Bedürfnisse davon abrechnet, wer kann sagen, wovon er mit den Seinigen lebt? — ist ihm selbst nicht schon sein Gesinde kostbarer geworden, nachdem auch dessen Bedürfniß sich vermehrt, auch das verwöhnter, und mehr Forderungen macht, und zuweilen Forderungen für ihre Dienste, die noch den übrigen Rest seiner Erwerbsamkeit übersteigen? — Erst dich frey machen, mühsames Volk! dann dir den Genuß der Freyheit lehren, deinen Muth beleben, dann dir die Tugend lehren, um deines Lebens froh zu seyn, dein Vaterland zu lieben, das dich schützt, deine Betriebsamkeit liebt, um mit heiterm Herzen ihm das Opfer deines Fleißes, deine Abgaben zu entrichten.

Der Landmann wurde also frey, seine Betriebsamkeit ungehindert, uneingeschränkt; es kam nun auf

auf ihn an, nach seinen besten Kräften und besten Willen sein durch Pachtung gewordenes und sein ohne Drang und Druck frey gewordenes Eigenthum zu nutzen. Er wuste, es war sein, er freier Herr darüber. Die beste Nutzung der Feldmark, der Hüthungen, Rodungen öfnete ihm ein weites Feld, seinen Verstand in Uebung zu setzen — er übte ihn, es gelang. Das Gelingen gab Muth, heitern Sinn, wohlwollende Neigung, und die Folge war Wohlstand. Genuß der Freiheit und des Eigenthums stiftete diese glücklichen Folgen. Der Staat bekam ohne Zwangsmittel, was ihm gebührte, der Gutsherr die rechtmäßigen Einkünfte seiner Besitzungen, und war ohne Furcht, daß vielleicht ein einziges Misjahr ihn und seine Güter verderben würde.

Aber wo man nun dem Landmann den Umfang seiner Erwerbungen nicht ins Weite ziehen kann, oder will, wo seine Umstände so verzweifelnd sind, daß er auch von demselben keinen Gebrauch machen kann, wo man durch Vermehrung mehrerer Familien, mehrere arbeitende Hände wünscht, so lasse man dem Landmann die ungebundenen freien Hände für sein Eigenthum, man lasse ihn die Rechte der Menschlichkeit ganz genießen, um Mensch zu seyn, durch

durch Auseinandersetzung mit Nachbar und Herrschaftsgut, man dränge nicht seinen Wirkungskreis zusammen, binde seinen Willen, und fordere denn doch, daß er sich unter seiner Bürde, in seinem unnatürlichen Zustande erheben soll.

Der Mensch, als Mensch, kann alles; unter seinen unverdrossenen Händen erwächst der unfruchtbarste Boden zum fruchtbaren Felde, sein Muth, aber auch nur sein Muth allein übersteigt alle Schwierigkeiten, und so einem Menschen ist Belehrung, Berichtigung des Verstandes willkommen.

Aber dem noch unverdorbenen Kinde, das in seinem unschuldigen Zustande sein künftiges Schicksal noch nicht ahndet, das soll man lehren? — das lehren, was frey seyn heißt, um, wenn es einmal nicht so ist, die gezwungene Unthätigkeit zu bedauern und noch unwilliger seine Last zu tragen? — der Unterricht würde ihn unglücklicher weise klug machen, und der Schaden auf den Staat zurückfallen.

Kann man die Lage des Landsmanns nicht ändern, so ist es bey seiner gegenwärtigen Verfassung und Erziehung wenigstens zweifelhaft, ob auch eine ausgebreitete Erkenntniß ihm vortheilhaft seyn wer-

K 2   de-

de, ist aber der Verfall der gesammten Volks-Indu-
strie zu sichtbar, so ist es doch besser, die Uebel und
ihre Quellen zu verstopfen, als durch ungewisse Versuche, durch unwirksame Mittel sie vielleicht vermehren.

Aber, wird man sagen, war es rathsam für den
Gutsherrn, eine Sache von einem, für ihn so an-
sehnlichem Belange, als die Summe der Pachtung
war, für einen Versuch, oder für einen Entwurf
aufs Spiel zu setzen? —— wenn Thatsachen in so
vielen andern Erfahrungen redeten, so war es nicht
mehr Versuch, so war es Wahrheit — und mußte
er, wenn er etwas wagen wollte, ich will es so nennen, es mit einemmal, mit allen seinen übrigen Gütern wagen? —— man baut nach Jahren und Zeiten
um endlich das Ganze zu Stande zu bringen, womit
man doch, nach aller Berechnung gewiß ist, daß der
Erfolg der Erwartung entsprechen werde.

Nun konnte er freilich bey irgend einem Anscheine
die Pachtung nicht mehr erhöhen? —— heißt aber in
den mehresten Fällen Pachtungen erhöhen etwas anders, als den Pächter zwingen, es koste, was es wolle, jeden kleinen Umstand, jede Möglichkeit zu nutzen,
dem Landmann irgend einen Vortheil durch Zwang,

List

List, durch tausend Mittel abzugewinnen? — er ist Gatte, er ist Vater, er fürchtet den Verfall seines Wohlstandes, strebt nach Erhaltung, Wohlstand, Vermögen, auf wessen Unkosten in den mehresten Fällen? — Eine Familie lebte, hundert darbten; die Dürftigkeit der Hunderte setzte die übrigen Gewerbe in Nahrlosigkeit, die ihre ernährende Geschäftigkeit dem Wohlstand des Landmanns zu danken haben, zerstörte den Verkehr, und was auf der einen Seite gewonnen würde, gieng auf der andern dreyfach verlohren. Die Betriebsamkeit des Landmanns entrichtet dreymal so viel, als die einfache Abgabe von seinen Feldern.

Ist es nun noch nöthig, ein Wort für die Vortheile des Eigenthums zu reden, da so unendlich viele Beziehungen auf die damit verbundenen guten Folgen, es empfehlen?

Es gehört blos zu meiner Absicht, nur so viel zu zeigen, daß besonnene, denkende Betriebsamkeit, die Uneingeschränktheit der Erwerbungen voraussetze, wenn aus jener Erziehung, Bildung der Kinder und Sittlichkeit des Volks fließen soll, um dadurch der Verdorbenheit der niedern Volksklasse, Trägheit, Muthlosigkeit abzuhelfen. Man setze den Menschen in die Fähigkeit so handeln, wirken, seine

Verstands-Fähigkeiten in Thätigkeit setzen zu können, so daß die Anwendung seiner vernünftigen Kräfte ihm Vergnügen mache, ihm Neigung zur Geschäftigkeit einflöße. Zwangsmittel, Noth bringt zwar den Menschen, sich retten zu wollen, sich vor dem Hunger zu schützen, so wenig das aber die Betriebsamkeit ist, die man wünscht, so erhebt sie gewiß auch nie die Seele zu Tugenden, zu edlen Gesinnungen. Will man mit dem Menschen handeln, so handle man mit ihm als Mensch, und verkenne in ihm die Rechte der Natur nicht, die ihm die Gottheit gab, und die sich durch keine Politik verdrehen lassen.

Gebiete keinem Kranken, daß er gesund sey, keinem Lahmen, daß er aufrecht gehe, keinem Blinden, daß er sehe. *)

Zwey-

---

*) Gefreytes Eigenthum ist die Seele der Landwirthschaft, das Zweckmäßigste Beförderungsmittel wahrer Landeskultur, die mächtigste Triebfeder glücklicher Bevölkerung, und die unerschöpflichste Quelle des allmächtigen National-Reichthums. Mehr hierüber ist zu finden in der Landesherrlichen Verordnung (vom 3 May 1779) des Churfürsten von Pfalzbaiern, vom gefreyten Erbrechte, und der verwilligten Mayerfrist. Wie viel wäre nach dieser in Baiern bey Laudemien, Zehendherrn, Grundherrschaften und sportelsüchtigen Beamten noch ernstlich zu ändern.

Zweytes Mittel.

Industrie-Schulen.

Schon in dem Begriff von Erziehung liegt es, daß Schulen, die dem Staate gute, brauchbare, nützliche Bürger und Unterthanen bilden sollen, es nicht dabey bewenden lassen müssen, die einfachen oft ermüdenden Beschäftigungen des Buchstabierens, Lesens, Schreibens, Rechnens bey den Kindern vorzunehmen; sondern auch auf ihren Verstand, auf ihre Geisteskräfte zu wirken, um sie dadurch mit sich selbst bekannt zu machen, was es heißt, und wie viel es sagen will, ein Mensch, und zwar ein gutgesinter, thätiger Mensch zu seyn. Da jede Thätigkeit, jede Anwendung der Kraft schon selbst Vergnügen macht, so ist es schon ein Verdienst der Schule mehr, wenn diese selbst schon dort genähret, und in seiner Ordnung geleitet wird; vorzüglich dies für Schulen auf dem Lande, wo Fertigkeiten und geschickter Gebrauch der Kräfte zur Erleichterung der Arbeit, zum Wohlstande und zu frohen Muthe führt. Nur würde dabey doch auch viel Behutsamkeit und Vorsicht nöthig seyn, so daß diese Zeiten zu solchen mechanischen Beschäftigungen und Uebungen nur von der Seite der Belohnung ihres Fleißes vergönnet würden, um stets die Vorstellung zu erhalten, daß Geschäftigkeit mit belehrendem Vergnügen verbunden sey. Denn wenn Ueberdruß, Mismuth, Abneigung sich schon hier äußern sollten, so würde das unstreitig den größten Nachtheil für das künftige Leben der arbeitenden Klasse von Menschen haben.

Um in den Schulübungen Abwechselung und Unterhaltung zu verschaffen, damit theils der leicht angewöhnten Unthätigkeit vorgebeugt, theils die Aufmerksamkeit mit desto größerer Lebhaftigkeit auf die Gegenstände des Unterrichts gelenkt werde, wie beschäftigt man die Jugend, der es noch an Stärke und Stetigkeit fehlt, auf eine nützliche Art? — Gewiß mit den Dingen am nützlichsten, die einmal die Werkzeuge und Mittel ihrer künftigen Betriebsamkeit seyn werden. Für die männliche Jugend mit den Modellen eines Pflugs, Wagens, beyde von verschiedener Art. Die von einander gelegten einzelnen Theile lehre man ihnen erstlich mit Ordnung zusammensetzen; wenn sie dieses mit Fertigkeit ins Werk richten können, dann fienge man an, die einzelnen Stücke, als ein Rad, eine Wagenleiter u. dgl. wiederum in kleinere Theile zu zerlegen,

gen, um nun auch die Zusammenſetzung der kleinſten Theile zu kennen. So verlängerte man die Geſchäftigkeit, und das Kind bekäme eine vollſtändigere Kenntniß des Ganzen. Wenn dies geſchehen wäre, dann zeigte man ihnen verſchiedene Formen der Geräthe, die zum verſchiedenen Gebrauch bey verſchiedenen Gelegenheiten angewandt werden, um Urtheilskraft, Vergleichung, Ueberlegnng, Nachdenken zu erwecken. Man gäbe ſodann ein verjüngtes Maas, ließe gut und unrichtig gearbeitete Modelle unter einander legen, um nun nach dieſem Maaße die gute geſchickte Bearbeitung eines Modells herauszufinden, und ſich mit dem beſtimmten Maaße bekannt zu machen, was zu einem jeden erfordert wird, um den Fehler zu vermeiden, nicht in der Bearbeitung weder ungewiß noch irrig zu verfahren, und ſich in der Folge die Arbeit zu erſchweren oder zu verlängern, Zeit zu verſplittern oder ſich durch ſchlechte unrichtige Arbeit in dem Geräthe zum großen Schaden hintergehen zu laſſen. *) Man ſetzte kleine Belohnungen, ſchickliche Aufmunterungen feſt, um auſſer

den

*) So würden endlich Sachkenntniße ſtatt trockner Worte verbreitet, welches leider in unſern Schulen bisher, zum größten Schaden der heranwachſenden Jugend, vernachläßiget worden.

den Schulstunden irgend ein Stück eines Geräthes selbst mit Ordnung verfertigt zu haben; wessen Arbeit am besten, nach Maas und Zusammensetzung am richtigsten wäre, erhielte den Preis. Auf diese Art erreichte man beydes, man vermehte die Fähigkeiten mit anhaltender Stetigkeit, und entwickelte die Begriffe, und so würde man zu den Modellen so mancher andern Gegenstände, als eines Hauses u. s. w. fortgehen können, Neigung zur Geschäftigkeit dadurch einflößen, rühmliche Nacheiferung befördern, selbst vielleicht Eltern interessiren;*) weil mit der Arbeitsamkeit auch die Geschicklichkeit des Landmanns in eigener Bearbeitung seiner Geräthschaften sich unter ihnen verlohren hat und gleichwohl ungemein zu seinem Wohlstande beyträgt.

Mit diesen Uebungen verbände man die Kenntniß der verschiedenen Erdarten und ihres verschiedenen Nutzens, die Ursachen der Fruchtbarkeit, warum Frost, Dürre, Nässe bey der Erdart weniger,

---

*) So würde die Achtung der Schulen bey Aeltern augenscheinlich zunehmen, und sie würden handgreiflich einsehen lernen, wie die Talente ihrer Kinder bloß dazu entwickelt werden, um ihrer Aeltern Hilfe, Stütze und Trost im Alter desto eher seyn zu können.

ger, bey der andern mehr Schaden bringt. Man zeigte die verschiedenen Getraide-Arten, ließe auf der gewöhnlichen, unter klugen Landwirthen üblichen Getraide-Wage, ihre Schwere wägen, und nach derselben ihre verschiedene Brauchbarkeit beurtheilen; dann den Boden, den jede erfordert, die beste Bestellung derselben, die Zeit der Bestellung mit denen dazu gehörigen Gründen. Diese Kenntniß der verschiedenen Getraide-Arten ist von ausserordentlichem Nutzen, so wie die Abwechselung derselben auf dem Acker, und würde, wenn darin Einförmigkeit und Gewohnheit aufhörte, von größem Nutzen seyn, welches man noch wenig erwogen zu haben scheint.*)

Wollte

---

*) Hiezu diente Majers Katechismus für's Landvolk, den Schrank auch für Baiern bearbeitet hat. Die große Einsicht dieser beeden Männer, und der Werth ihrer Schriften ist entschieden.
Das um die Oekonomie und jugendliche Unterweisung verdiente Kloster Weyern legte im Jahr 1776 eine Realarbeitsschule für Bauernkinder an, und ließ sie im Ackerbau, im Spinnen, in der Art, mit Pferden umzugehen, und dergleichen Geschäften unterrichten. Max der III, höchstseligen Angedenkens, hat es deßwegen auch für diese in Absicht des ökonomischen Gewerbes nützliche Anstalt mit Einverleibung einer Pfarre belohnt.

Wollte man diese Kenntnisse für die zukünftige Erwerbung noch mehr durch Erfahrung und Anwendung sichern, so nehme man ein eingehegtes Stück Feld, das bloß zu dergleichen Versuchen bestimmt wäre. Dies würde denn die fruchtbarste Gelegenheit zur Unterhaltung, Aufmunterung darbieten, und Festigkeit der Grundsätze gewähren; denn da es bei einem Landmann auf Erwerbung des Unterhalts und der Nahrung ankommt, so lassen sich da wahrlich keine Versuche machen, deren Erfolg man nicht mit einiger Zuverläßigkeit voraus sehen kann, weil die Folgen mislungener Versuche zu drückend für ihn seyn würden.

Hierzu setzte man noch die Kenntniß der gewöhnlichsten Kräuter und Pflanzen der jedesmaligen Ortsgegend;

So zeigte auch ein Prälat von Raitenhaslach den Bauernjungen, wie man Möser abgraben, künstliche Wiesen und Wälder anlegen könne.

Mehrere Beyspiele von dergleichen wackern Kloster- und Weltgeistlichen Baierns sind zu finden in meinem Sittenspiegel fürs Landvolk in Beysp. und Erzähl. 1 Band. (Besonders ist Pfarrer Resch, Dechant zu Sittenbach, durch seine Spinnanstalt (Seite 121. und 122.) bemerkenswerth geworden.)

Gegend; *) denn da die Pflanze oder das Kraut ein untrügliches Kennzeichen von der Beschaffenheit des Erdbodens ist, worauf sie wächst, so bestimmt sie auch zuverläßig ihre Brauchbarkeit, und läßt niemanden in Ungewißheit seines Werths, wozu er zu nutzen sey. Man wird von selbst einsehen, daß ich hier wohl unmöglich an die lateinischen Namen habe denken können, die man denselben beigelegt hat. Der sowohl in Betracht seines Herzens als seines Verstandes gleich verehrungswürdige Prediger Müller, **) zu Ziechow in der Uckermark, hat sich, wenn

---

*) Von Poschinger in Traxelsried, Pater Joh. Evangelist Elger im Kloster Methen, Pater Albericus in Walsassen, Pater Prosper Dallinger, Augustiner in Schönthal, Jos. Gahr zu Aicha im Walde, und andere Welt- und Klostergeistliche im Bairischen Kreise zeichnen sich durch ihre Kenntniße hierinn, letzte besonders um ihre Gegend aus.

**) Ehemaliger Rector des Prenzlautschen Gymnasii. Diesen würdigen Greis schätzt Se. Exc. der Herr Graf von Arnim. Wäre dieser Mann jemals in Umstände und Lagen gesetzt worden, für allgemeine Beste thätig seyn zu können, so würde er schon längst vieles in Wirklichkeit gesetzt haben, worüber man jetzt Vorschläge macht.

wenn ich mich recht erinnete, das Verdienst erworben, vielen Kräutern und Pflanzen deutsche Namen gegeben zu haben, ausser denen, die schon üblich sind. Die richtige Kenntniß darin, deren bekannter Nutzen und Gebrauch in verschiedenen Fällen zur Gesundheit, Fütterung u. s. w. würde dem Landmann besonders willkommen seyn; und je mehr dieser Theil seines Wissens richtig geordnet und gut behandelt wird, je mehr würde es seine Thätigkeit, sein Vergnügen, seine Liebe zur milden Natur vermehren, die so sorgfältig zu der Menschen Bedürfniß das hervorbringt, was ihm nützt, ihn erhält, ihn froh macht. Wenn man damit die Kenntniß der Staudengewächse mannichfaltiger Art, der Bäume u. d. gl. verbände, deren Fortpflanzung, Benutzung durch Propfen, Okuliren, so ist dies beinahe eine unendliche Quelle der Betriebsamkeit und des Erwerbs.*)

Neh-

---

*) Joh. Evangelist Löfler, Beneficiat zu Ering am Inn, benutzet hiezu mit der Jugend seiner Gegend die Inseln des Innflußes, und unterrichtet diese im Propfen, Okuliren zu seinem Vergnügen, nicht nur unentgeldlich, sondern schaft sich auch auf eigne Kosten Bücher, die

Nehme ich dazu eine allgemeine Uebersicht der Landes-Geschichte, der Erdbeschreibung, der Natur-Ereignisse aus der Physik, und die Bekanntschaft mit den Kräften und Wirkungen der Körperwelt, (diese letztere doch nur in so weit, als zur vernünftigen Vorstellung von dem ganzen großen Hause, worin der Mensch wohnt, nöthig ist,) um das Entstehen des Aberglaubens, des dummen Erstaunens und Bewunderns, die elende Furcht vor den Wirkungen der Dinge in seiner Quelle zu verstopfen: so habe ich die

L

erfor-

---

von ländlichen Gegenständen handeln, an, die er zur weiteren Nacheiferung der Jugend in Feyertagen zum Lesen austheilet.

So setzet Candidus Huber, Pfarrvikar in Oberbaiern, mit seinem emsigen Schullehrer, Dausch, Obst- und andere nützliche Bäume auf eigne Kosten, — unterstützt von seinem würdigen theilnehmenden Herrn Pfleger, Carl von Beck, dessen leider zu früh verstorbene Gattin die Kinder dieser Hofmark selbst unterrichtete, und durch Belohnungen aus eignen Mitteln zur Arbeit aufmunterte. Dieser Pfarrvikar wird dem Auslande immer mehr durch seine vortrefliche Holzbibliothek bekannt werden, welche er in 100 Bänden von natürlichen Holzarten seiner Gegend samt allen ihren Hauptbestandtheilen für 50 fl. an Kenner und Liebhaber abliefert, wovon sowohl Muster in der Natur, als auch eine vollständige gedruckte Beschreibung bey Hr. Buchhändler Lentner in München zu finden ist.

erforderlichen Kenntnisse des Landmanns hinlänglich, und vielleicht schon zu weit ausgedehnt. Denn der Landmann darf nicht ein Vielwisser seyn, was ihn gerade gegen seine künftigen Geschäfte abgeneigt machen würde, sondern nur so viel und das wissen, was immer seine Arbeit erleichtert, ihn näher zum Ziel führt, Wohlstand, Mannigfaltigkeit in seinen Erwerbungen und Vergnügen bringt, und zwar ein so reines Vergnügen, das ihn für den Ausbruch einer wilden Unsittlichkeit und rohen Aeußerungen der Zügellosigkeit der thierischen Unterhaltung sichert; weil, ihn ganz mit den Annehmlichkeiten des Wissens bekannt zu machen, nichts anders hieße, als seinen eigentlichen angewiesenen Stand, die saure Arbeit desselben ihm unerträglich machen.

Woher aber nun der Fond zu den Modellen? Diesen Fond stiftete man durch den Ankauf einiger Bienenstöcke, als Vorschuß, der nach Jahren wieder bezahlt wird. Die Besorgung der Bienen übernähme der Erzieher oder Schulmann (eine Beschäftigung, die weder unangenehm noch niedrig ist) mit den Söhnen, und theilte den Gewinn zur Hälfte nach einem kleinen jährlichen Abzuge zum Vorschuß von beyden Seiten. Je nachdem nun die Sorgfalt und der Nutzen vermehrt wird, je nachdem wächst der Fond, aus welchem beym Verkauf des Ertrags die

die Modelle angeschaft und vermehret worden können. So lernt der Landmann die gute schickliche Behandlung der Bienen von Jugend auf; und daß ein solcher Fond ergiebig sey, daran wird niemand zweifeln, der diese Nahrungsquelle kennt.

Wie nun die Töchter des Landmanns beschäftigen? Ich muß es gestehen, daß diese allerdings das traurigste Loos trifft, die gleichwohl die beständigen Begleiterinnen und Erhalterinnen des häuslichen Wohlstandes sind, und ohne deren Unterstützung und Wirthschaftlichkeit die sauerste Mühe verlohren ist. Wie aber auch nur eine Aussicht, demselben abzuhelfen? Die Frau des Schulmanns (der entweder nicht verheyrathet ist, nicht seyn kann, oder wenn er es ist, es ihr an Geschicklichkeit und Neigung dazu fehlt) könnte ihnen einige Erziehung geben; aber wie bedingt ist dies? und jemandem auf der einen oder andern Seite die Wahl für seine häusliche Zufriedenheit zu bestimmen, ist weder schicklich noch möglich. Ich will wenigstens ein Mittel zur Ausführbarkeit versuchen.

Man hat in den Preußischen Staaten vorzüglich den Seidenbau dem Prediger, oder Küster*) beygelegt.

---

*) Den Prediger nennt man in catholischen Orten Pfarrer, und Küster heißt da soviel als Meßner, welcher zugleich den Schuldienst versieht.

Anm. des V.

legt. Wie? wenn man ihn vielmehr der Schule zur nützlichen Geschäftigkeit beylegte? Wer nun von beyden (bey veränderter Beschaffenheit der Stellen) diesen Bau hat, dem gäbe man die Erlaubniß in den wenigen Wochen, worinn der Seidenbau getrieben wird, die Schulkinder ohne Ausnahme zur Anschaffung der Blätter, Fütterung, Pflege derselben, Bereitung der Kokons, dem Abhaspeln, überhaupt der ganzen Verrichtung dabey zu gebrauchen. Wenn nun die gewonnene Seide verkauft würde, so theilte sich der Besitzer des Seidenbaues in den damit gewonnenen Gelde mit den Kindern zur Hälfte, so daß die Landleute den Nutzen dieses Baues gewahr würden, die Geschäftigkeit ihrer Kinder ihnen selbst Nutzen brächte, die nicht allein sich beschäftigen, sondern auch die Behandlung des Seidenbaues lernten. Dies würde sie antreiben, diese nützlichen Bäume selbst zu vermehren, und auf ihre Erhaltung bedacht zu seyn. Hätte man es einmahl so weit gebracht, der Gewinn vermehrte sich, so suchte man einen Theil des Gewinnes für die Kinder zur Ansetzung einer Person zu bestimmen, die nun Unterricht im Stricken und Nähen für die Kinder gäbe. Die Summe des Gehalts dürfte geringer seyn. Es würde zwar dadurch den Kindern selbst ihr Antheil verkleinert werden, auch wohl die Söhne selbst abgehen,

geben, aber es bedarf auch bey Bestellung des Seidenbaues nicht die Anzahl aller Kinder der Gemeine. Diese Person würde ihr Gehalt dadurch vermehren, wenn folgende Einrichtung getroffen würde. Die Töchter, die sie unterrichten soll, bringen die Materialien zum Stricken oder Nähen von ihren Eltern. Sie werden frey unterrichtet, die Eltern selbst aber verbindlich gemacht, ihre Kinder zum Seidenbau gebrauchen zu lassen, und sobald als diese es so weit in ihrer Geschicklichkeit gebracht und einige Fertigkeiten erlangt haben, dann die Arbeit im Stricken und Nähen anzunehmen, die ihnen von der Erzieherin gegeben wird. Die Eltern, die nun zu arm sind, auch die ersten Materialien herzugeben, empfangen sie von der Erzieherin, und arbeiten in ihren Schulstunden lediglich für sie. Auf die Weise erwürben diese Kinder, die unterrichtet werden, der Erzieherin ihren Unterhalt, denen Eltern kostet dieser Unterricht nichts, sie wird ihnen nicht zur Last, sie sehen sie nicht als Neuerung an, die auf ihre Unkosten gemacht wird, und der Fleiß der Töchter ist nun das Interesse der Erzieherin, wobey es doch ihnen nicht entsteht, von ihren erworbenen Geschicklichkeiten ausser den Schulstunden für sich und ihre Eltern Gebrauch zu machen. *) Angesehene, bemittelte

---

*) Eben so könnten die Erzieherin sowohl, als

telte Mitglieder der Gemeine würden mit Vergnügen solche Gelegenheiten ergreifen, ihre Töchter unterrichten zu lassen, und ihr Schulgeld bezahlen, dabey noch die Bequemlichkeit statt fände, Arbeiten solcher Art selbst im Dorfe an Ort und Stelle verfertigen lassen zu können.

Wollte man auch hiebey eine kleine Nebenverbesserung oder Unterstützung der Erzieherin verbinden, so leitete man es bei der Gemeine ein, daß jeder Landmann ihr, wenn er auch nur zwey Metzen Aussaat Lein bestellt und besäet, im ersten Frühjahre gäbe; dies würde im Ganzen denn doch etwas einträglich werden. Im zweiten Jahre fiele dann die Saat weg, die sie selbst nun zu leisten verpflichtet wäre, und beym Gewinn derselben, der ganzen Bearbeitung, bis zum Gebrauch im Spinnen, Zwirnen, würde sie auch dort ihre Zöglinge zu Gehülfen haben, und das daraus erworbene Geld als eine Vermehrung ihres Gehalts betrachten. So giebt es viele kleine Hülfsquellen, die einzeln dem Landmann nicht beschwerlich fallen, im Ganzen aber dem Empfänger von Bedeutung sind.

Auf die Zöglinge durch obige Sammlungs-Reinigungs- und Verarbeitungsanstalten aus inländischen Woll- und Seidenarten grossen Vortheil, ohne viel Kosten und Mühe, ziehen

Insp. der B.

Auf diese Weise verbände man zwey sehr nützliche Beschäftigungen mit einander, beugte aller Unthätigkeit vor, und verbände die Geschäftigkeit mit Nutzen und Vergnügen. Die Ausführbarkeit des letztern habe ich selbst erfahren. *)

L 4 Damit

---

*) Da ich ehedem bey dem Regimente Sr. K. H. des Prinzen Heinrichs von Preussen als Feldprediger stand, welches damals Se. Exc. der jetzige Generallieutenant von Kalkstein kommandirte, traf ich die Einrichtung unter den Soldatentöchtern mit Unterstützung dieses, von allen, die so glücklich sind ihn zu kennen, verehrten Menschenfreundes. Ich gab ihnen zuerst alles zum Stricken und Nähen erforderliche. Dann wurde ihnen von den Chefs der Compagnien Wolle zum Knitten oder Leinwand zum Nähen gegeben. Die Küsterfrau, die zu den Arbeiten Geschicklichkeit genug besaß, übte die Kinder, und war verpflichtet für die Ehrlichkeit und Güte der Arbeit Bürge zu seyn. Im Anfange gieng dies langsam, bald aber gieng die Arbeit schneller. Von dem Verdienst bekam die Lehrerin die eine, und die Kinder die andere Hälfte. Der Nutzen reizte, man konnte bey vermehrter Hülfe mehr Arbeiten aller Art zu Stande bringen, und so wuchs der beyderseitige Verdienst, die Töchter wurden unterrichtet, und unterstützten durch ihr Verdienst schon in ihrer Jugend ihre Eltern mit manchen kleinen Gewinn Der Bayersche Erbfolgekrieg unterbrach diese Einrichtung.

Damit nun in der ganzen Sache, die auf den Seidenbau beruht, mit Treue und Redlichkeit verfahren würde, müßte die Obrigkeit des Orts bey der Theilung des Gewinnes gegenwärtig seyn. Den Antrieb zu solchen Unternehmungen, wenn die Kenntniß davon unter den Kindern ausgebreitet würde, will ich nicht einmal erwähnen.

Um nun dem ganzen Seidenbau mehr Ausdehnung zu geben, und die darauf gebauete Ausführung des Entwurfs zu befördern, gäbe man dem Besitzer des Seidenbaues das Recht, jedes unbenutzte Stück Feld, welches der Landmann sechs Jahr hinter einander unbearbeitet liegen läßt, oder irgend eine ungenützte Stelle des Dorfs mit Maulbeerbäumen zu bepflanzen.*) Dies treibt den Landmann, sein Feld zu

---

*) Wie viele Anpflanzungen könnten itzt in Baiern nicht gemacht werden, da Se. Churfürstl. Durchl. Maulbeerbäume umsonst an Liebhaber abzugeben gnädigst befohlen haben, und andere vortheilhafte Anstalten zum Seidenbau durch den würdigen Hofkammerpräsidenten Grafen von Törring Gronsfeld zur Seidenzucht verbessert werden! Was für ein Vortheil könnte aus den vielen öden unbemeierten Höfen Bayerns gezogen werden, wenn sie gehörig benutzet würden!

Anm. des V.

zu bestellen, wenn er es nicht verlieren will, giebt, im Fall er es nicht thut, aus Ursachen, weil die Stelle untragbar, sandigt ist, dem Erziehungsplan neue Hülfsquellen. Man kann also künftig mehr gewinnen, mehr Gehalt geben, mehr fordern, besonders da ein solches Stück Feld, dadurch, daß es durch Bepflanzung festen Boden gewinnt, künftig Gelegenheit giebt, es besser zu nutzen.

An manchen Orten haben die Pfarren Ländereyen, die in Erbpacht gegeben werden. Man ließe eine solche Erbpacht der Benutzung der Schule, der Klugheit, den Einsichten der Erzieher eines jeden Kirchsprengels, der Vaterlandsliebe, der Landschaft, um ihn zu einem Fond zu nutzen. Wie viel Hülfsquellen hat nicht oft ein Ort vor einem andern, die sich bey einiger Besonnenheit auf dem Lande vielfältig finden! und was kann man sich nicht von der ungehinderten freyen Thätigkeit eines so geordneten geistlichen Standes, von der Theilnehmung der Herrschaft selbst versprechen, wenn diese einmal von den wohlthätigen Folgen solcher Unternehmungen überzeugt ist, die in jedem Bezug das Beste des gesammten Volks zur Absicht hat.

Ist es dann einmal möglich geworden, auf irgend eine Art von der Benutzung eines Feldes und

der

die Thätigkeit der Jugend den Unterhalt einer Erzieherin auszumitteln, dann würde man auf die erforderlichen Eigenschaften einer solchen Person sehen können. Ich habe schon das Stricken und Nähen und die Bearbeitung des Flachses genannt, und setze nun noch die Bereitung der Leinwand selbst hinzu. Es ist bekannt, daß in ganz Pommern die Bäuerinnen sich ihre Leinwand selbst weben zur Winterszeit, wenn ihre Geschäfte auf dem Felde aufhören. Hat nun die Erzieherin auch diese Geschicklichkeit, die eine unendliche Mannigfaltigkeit von Arbeiten gewährt, je nachdem Kunst, Geschmack und Fleiß dabey gebraucht worden, so würde die Industrie dieser Art nicht allein Nahrungsquelle werden unter den Händen des weiblichen Geschlechts, sondern es würde am stärksten dazu beytragen, dem einreissenden Uebel vorzubeugen, wodurch die Landleute durch den Ankauf schlechter Zeuge hintergangen, ihr sauer erworbenes Geld verschleudern, und ihnen ihre Bekleidung so kostbar wird. Sie würden anfangen, sich und ihre Kinder blos mit den Früchten ihres Fleisses auf die netteste und angenehmste Art zu kleiden, dem Betrug ausweichen, darin anfangen eine Ehre zu setzen, je mehr es eine der andern in Schönheit, Auswahl der Desseins zuvorthun könnte. Eben diese Geschäftigkeit schließt schon die unumgängliche Nothwendigkeit in sich, die

Spin-

Spinnen, und zwar im guten, festen Spinnen, sich zu üben, wozu schon die Töchter von den Müttern angewiesen werden.

Dieser Unterricht würde besonders für den Winter und das Frühjahr seyn, und nicht einmal für alle, nur für die Erwachsenen, und auch diese einzeln, so daß unterdeß die übrigen besonders sich im Nähen oder in den Modellen zu verschiedenen Kleidungsstücken üben könnten, je nachdem ihr Alter sie dazu fähig macht. Der ganze Unterricht der Erzieherin würde zu den übrigen Zeiten, worin stille Arbeiten verrichtet würden, von einer oder der andern Tochter mit Lesung eines ökonomischen, für ihre Fassung und künftige Bestimmung schicklichen Buchs *) begleitet, doch so,

---

*) Zum Vorlesen für Töchter des Landvolks sowohl, als der Städter, weis ich kein zweckmäsigeres Werk zu empfehlen, als die junge Haushälterinn, ein Buch für Mütter und Töchter vom Prof. Zimmermann. Luzern, gedruckt und verlegt bey Joseph Aloys Salzmann, welches in 3 Bänden und einer Nachlese alles enthält, was zum Unterricht einer Hauswirthin in Küche, Keller und Garten, zum Handel mit Künstlern und Handwerkern, in Rücksicht ihrer Handwerksvortheile und andern ökonom. Geschäften gehört. Besonders sind die darinn angebrachten praktischen Hausrechnungen, Scheine und Quittungen vorzüglich deutlich und klar auseinander gesetzt, und können zum Leitfaden in allen vorkommenden Fällen dienen; ja man

so, daß alle Mittwoche und Sonnabende das in zweyen Tagen vorgelesene wieder erinnert würde. So, denke ich, wäre diese Erziehung hinlänglich für die Töchter des Landmanns, wäre wirklich ausführbar sowohl für eine große als kleine Gemeine: wenn diese nur Land zur Anlegung einer Pflanzung von Maulbeerbäumen, die Guthsherrschaft nur guten Willen genug, nur Einsicht hätte, sowohl ihr eigenes als des Volks Beste zu beherzigen, und so geringe Vorschüsse nicht scheute, die doch wieder in der Folge mit mehrerer Wahrscheinlichkeit als die des Verlustes eingezogen werden könnten, wenn man ja keine Aufopferungen für allgemeine Wohlfahrt machen will, Aufopferungen, die sich doch selbst durch den Wohlstand des Landmanns hinlänglich belohnen. Eine solche Erzieherin stünde unter der Aufsicht des Kirchsprengels und dessen Vorsteher. Die Anweisung, Bestimmung ihrer Lehr- und Geschäftsstunden würden von denselben angewiesen, der ganze Unterricht geordnet, und auf die richtige Abwartung der bestimmten Uebungen alle Aufmerksamkeit gerichtet, von den Fortschritten einer

---

findet sogar alle nöthigsten Verhaltungsregeln für Kranke darinn. Eine Lesebibliothek für Mädchen, München bey Leutner verlegt, enthält auch in ihren 3 Theilen alle ökonomische und Wirthschafts-Kenntnisse, welche eine gute Hauswirthin bilden können.

Anm. d. V.

einer solchen Anstalt alljährlich Rechenschaft abgelegt, so daß die hohen Landes-Collegien mit einem Blick übersehen könnten, wie viel und was diese oder jene Mittel zu der Verbesserung der Sitten, und der vermehrten Betriebsamkeit des Volks beitrügen, oder welche Hindernisse sich fänden, um denselben abzuhelfen.

Ich bin weit entfernt, es mir zu denken, daß dies alles mit einem male geschehen könnte; aber Zeit, günstige Umstände, Beharrlichkeit bey dem einmal entworfenen Plane sind auch vermögend, oft für unmöglich gehaltene Dinge möglich und wirklich zu machen. Die Bewirkung einer jeden guten Unternehmung hat seine Schwierigkeiten; desto ehrenvoller und edler ist denn auch die Ausführung derselben, und zwar eine solche, durch welche Aberglauben, Herz und Seele verderbende Unwissenheit, schimpfliche Trägheit, allen Muth niederschlagende Dürftigkeit vertrieben werden, und dagegen wahre Tugend, richtige Kenntniß der Wahrheit, Fleiß und froher Muth unter den teutschen Völkern befördert wird; denen Gott so manche gute Fürsten gab, von deren Bereitwilligkeit, alle ihre Unterthanen glücklich zu machen, wir so redende Beweise haben, und die zu einer guten Einrichtung für das Wohl ihrer Völker mit erhabener Großmuth und Freygebigkeit die Hände bieten.

Nach=

Nacherinnerung

über den Begriff und Nutzen angeführter Industrie-Schulen.

Eben da ich diesen ersten Band bearbeitete, fiel mir die Berlinische Monathsschrift in die Hände,*) worin der Herausgeber über Arbeitsschulen folgende Vorerinnerung macht, welche den Begriff, und die itzige allgemeine Auflebung dieser Schulen so deutlich und gründlich darstellet, daß ich es nicht für über-

---

*) Herausgegeben von Biester, im October 1792 im Verlag der Hande und Spennrischen Buchhandlung.

überflüßig halte, sie selbst in meinen ersten Band mit aufzunehmen, um seine nachdrückliche Vorstellungen mit denen im Anfange, von Herrn Christoph Ferdinand Moser, *) zu vereinigen.

Biester schreibt Seite 361 folgendes:

Arbeit sollte natürlich die unnachläßliche Bedingung zum Genuß seyn; und das Unglück der Armuth müßte eigentlich nur denjenigen treffen, welcher nicht arbeiten könnte oder wollte. Dies sind in der Theorie unbestrittene Säze. Allein die Erfahrung lehret jeden Menschenfreund, daß es noch zwo andere Quellen der Armuth giebt: wenn nämlich Menschen, so thätig sie auch gerne wären, doch keine Arbeit finden; und, wenn sie nicht zu arbeiten verstehn, da sie nichts erlernet.

Es

---

*) Dieser würdige industriöse, rastlose Pfarrer zu Wippingen und Lautern im Würtenbergischen ist der Verfasser des Taschenbuchs für deutsche Schulmeister, wovon er schon 8 Jahrgänge geliefert, und vortreflich bearbeitet hat. Sein Taubenbuch hat ihm auch unter den Oekonomen einen wichtigen Platz eingeräumt, da er selbst praktisch sich von dem, was er schreibt, in seiner Wirthschaft überzeugt hat.
  Anm. des V.

Es haben zur Wegräumung beider Arten Hindernisse, theils einsichtsvolle Schriftsteller, theils edeldenkende Privatpersonen, an manchen Orten Teutschlands schon viel gewirkt; und es ist ein erfreulicher Anblick, dies Gute immer weiter verbreitet zu sehn. Ich habe verschiedene Aufsätze vor mir, welche mir dieses Vergnügen genießen lassen. —

Bloses Almosengeben erleichtert auf einen Augenblick sowohl den Reichen, indem es den unglücklichen Gegenstand von ihm entfernt, als auch den Letzteren, welcher vielleicht das dringendste Bedürfniß sofort stillen kann. Allein, im Grunde wird, sowohl ihm, als dem Staate, und selbst der Moralität dadurch mehr geschadet als geholfen. *)

Die simple Antwort ist: Man schaffe demjenigen Arbeit, welcher gern arbeiten will; man lehre sie demjenigen, welcher sie noch nicht versteht. Freilich findet die Anwendung bisweilen einige Schwierigkeit; welche aber, wenn nur ein redlicher und verständiger Mann den Plan entwirft, und wohlwollende Mitbürger sich

zu

---

*) Siehe über diesen Gegenstand den Landbothen Baierns von 1790 und 91.

zu deſſen Ausführung vereinigen, ſich ziemlich leicht heben läßt.

Warum ſollte ich, bey dieſer Gelegenheit, nicht freimüthig meine Verwunderung äuſſern, daß Berlin, deſſen Bewohner ich mit Stolz meine Landsleute nenne, — ungeachtet der Wohlthätigkeit ſeiner Bürger, worinn es vielleicht jede Stadt übertrifft — noch keine Anſtalten zu dieſem Zwecke hat? Zum Beyſpiel, um nur dies Eine zu nennen, noch keine öffentlichen Sääle, worinn die, vom Spinnen lebenden Perſonen, im Winter Wärme und Licht, vielleicht auch Garn zur Arbeit finden könnten. *) Ferner unter den ſo zahlreichen Armenſchulen unſerer Stadt, noch keine Arbeits- oder ſogenannte Induſtrie-Schule.

In den beiden Reichsſtädten Lübek und Hamburg ſind ſehr gute Privatanſtalten zur Beſchäftigung,

---

*) München war ſo glücklich, auf einen Tag den Bettel aufgehoben, und ſo eine Anſtalt da ſtehen zu ſehen, die aber auch einer unbeſchränkten Erlaubnis, Unterſtützung und Begünſtigung meines gutmeinendſten Landesvaters, und ſeiner freigebigen Unterthanen ſich zu erfreuen hatte, und der nur glückliche ſolide Fortdauer und Verbeſſerung, nach Zeit und Lage der Sachen, herzlich zu wünſchen ſind.
Anm. d. V.

gung, d. h. zur wahren Versorgung der Armen errichtet. Die Lübeckischen Anzeigen vom 17ten Dezember 1791 enthalten eine Nachricht von den bisherigen Vorbereitungen einer neuen Arbeitsanstalt, nämlich einer Wollspinnerey, und damit zu verbindenden Friesenmanufaktur. Sie soll durch Aktien gegründet werden. In der Nachricht heißt es unter andern: „Unsre Armen sind noch lange nicht alle so verderbt, wie mancher glaubt. Bei der Flachsspinnerei meldeten sich gleich Anfangs zwei bis dreihundert.*) Unter 100 Spinnenden waren

---

*) Im Gerichte Griesbach, das freylich eines der grösten in Baiern ist, sind gewiß 200 bis 300 uneheliche Mädchen, welche von dem dortigen Herrn Pfleger mit Spinnen zum Theil beschäftiget werden, aber noch ungemein mehr durch diesen thätigen Mann für das ganze Land Nutzen schaffen könnten, und in Moralität, thätigem Christenthum, und noch sehr schwacher Betriebsamkeit zunehmen würden, wenn vermögliche Actionairs im Inlande selbst sich mit einem Gerichte, zu einem Anfang wenigstens, und zu einer wohlgeordneten Probe einliessen. Das Geld, die rohen Produkte blieben im Lande, und ausländische würde statt schlesischer und Schweizerleinewand hereinkommen; die Arbeit würde den in diesem Gerichte herrschenden Luxus dann auch proportionirt seyn.

Eben so ließ sich in der Gegend um

waren etwa 2 oder 3, die sich diebisch oder sonst sehr unartig*) betrugen. Die Uebrigen arbeiteten treu, ämsig und gut. Selbst in jedem Frühjahre, wann ihnen kein Flachs mehr gereicht wurde, äusserten viele ihre herzliche Dankbarkeit für diese Hülfe durch den Winter. Mit solchen Menschen, die noch solcher Triebe und Ordnung fähig sind, ist gewiß etwas anzufangen.

In Hamburg geht die Armen- und Arbeitsanstalt noch eher ins Grosse. Es sind mit derselben zugleich Medicinal- und Schulanstalten verbunden. Von Zeit zu Zeit erscheint eine in Quart gedruckte Nachricht an Hamburgs wohlthätige Einwohner,

über

Ober-Viechtach vieles thun, wo der unternehmende geschickte Hr. Pflegs-Kommissär Schmidtbauer, und um Kötzting, wo der eifrige thätige Schulfreund Bar. von Franken Landrichter und in Cham, wo der wackere Herr Pflegs-Kommissär Geißler, die besten Vorschläge an die Hand geben könnten.
Anm. d. V.

*) Aus diesen Gründen soll auch die Spinnanstalt und Fabrik von verschiedenen Zeugen im Zucht- und Arbeitshaus zu Regensburg wieder eingegangen seyn, das unter der unternehmenden thätigen Aufsicht des würdigen Herrn Kämmerers Habrecht gute Aussichten versprach.

über den Fortgang der Armenanstalt*); 3 Nachrichten machen 1 Heft aus. Anfangs waren blos Spinnschulen errichtet; nun werden die stärkeren Knaben im Bindgarn-Machen, und die Mädchen in einer zweyten Klasse der Industrieschule im Nähen, Stricken und Weben unterrichtet. Von diesen Schulanstalten handelt vorzüglich die elfte und zwölfte Nachricht, Hamburg im December 1791. Es wird daselbst der Sonntagsschulen **) in England gedacht, von welcher wohlthätigen Anstalt auch schon die Berl. Monathschrift 1788 Julius S. 4. f. und 1790 Januar S. 77, f. geredet hat. —

Das

---

*) Siehe den bayrischen Landbothen von 1790 und 91. und die Münchner Zeitung von 1792.

**) Die Sonntagsschulen hat schon längst eine Zeitschrift (genannt, der Volkslehrer) angerühmt, und sie sind in einigen Orten Teutschlands ziemlich dadurch in Schwung gekommen. Der würdige Pfarrer Moser zu Wippingen nächst Ulm hat in seinem Taschenbuch für Schulmeister viel nützliches davon geschrieben, Zu Erbing und andern Orten Bayerns sind sie von einigen würdigen Geistlichen mit vielem Eifer schon einige Zeit eingeführt worden. Freylich sehen ältere Herrn Collegen dies ungerne, da es nichts einträgt.

Anm. d. V.

Das goldne Wort: ora & labora muß ewig bei allen denkenden Menschen in Achtung stehn, und giebt die beste Richtschnur für Erziehungs- und Bildungsanstalten. Nur wird das gleichschwebende Verhältnis zwischen den beiden Forderungen dieses schönen Spruches nicht immer getroffen. Daraus, daß England die Erfinderin der Sonntagsschulen ist, sollte man fast schliessen, daß die Menschenfreunde in jenem ämsigen Lande merkten, es würde dort mehr gearbeitet, als gebetet; und sie verfielen daher auf ein Mittel, die zu jeder andern Zeit beschäftigten Menschen an einem Tage, welcher theils dem äussern Gottesdienste, theils der Erhohlung gewidmet ist, zum Unterrichte zu versammeln. In Teutschland hingegen scheint man gefunden zu haben, daß ehemals zu viel gebetet, und zu wenig gearbeitet worden ist; Wohldenkende Männer, und selbst Geistliche, beschränken deshalb einige Zeit des sonst gewöhnlichen Katechismusunterrichts, und verwenden dieselbe zur Unterweisung in nützlichen Arbeiten.

So sind die Industrieschulen entstanden, um deren grosse Verbreitung Herr Prediger Wagemann in Göttingen ein ungemeines Verdienst hat. Man kennt sein Magazin für Industrie und Armenpflege;

man kennt sein Werk: Ueber die Bildung des Volks (des Bauernstandes) zur Industrie. — Ist eine wahrhaft gemeinnützige Sache nur erst einmal auf verständige Weise im Gang gebracht, so bilden sich nach dem aufgestellten Muster immer neue Anlagen. Und so entstehen im Hannöverischen, ununterbrochen, in den meisten Städten, und fast auf jedem Dorfe, Arbeitsschulen, zu deren erster Einrichtung die wohlthätigen Guthsherrschaften eine kleine Summe, um die Werkzeuge und die rohen Materialien anschaffen zu können, schenken.

Mit patriotischer Freude kann ich hinzusetzen, daß man an die Errichtung solcher Arbeitsschulen auch in unserm Lande denkt. Des Herrn Staatsministers von Voß Excellenz, Chef des Departements der Kurmark, und der Generaldirektion der Landarmen- und Invalidenverpflegung, um welche Er so grosse Verdienste hat, will sich auch dieses neue Verdienst um die Ihm untergeordnete Provinz erwerben.

Es ist dem zufolge den Predigern aufgegeben worden, Vorschläge hierüber zu thun.

Ueber

Eben da ich in der Auswahl der wichtigsten und zur Nachfolge reizendsten Vorschläge und Anstalten zu Industrieschulen begriffen war, und in diesem ersten Band alles kurz zusammen gedrängt anzubringen wünschte, was den Nutzen, und die Nothwendigkeit dieser Schulen bestättigen kann; erhielt ich das vortrefliche Werk *) Wagemanns, in welchem er sich besonders über die Bildung des Bauern-Standes zur Industrie erklärt, und im 2ten Theile über die Bildung der Stadt-Bewohner gleiche Vorschläge geben, und von Fabriken und Manufakturen als Mittel diese zu befördern mehreres anführen wird.

Ich begnüge mich bloß den Inhalt seines ersten Theils einzurücken, und den Beschluß seiner Schrift anzuführen.

---

*) Ueber die Bildung des Volks, I. Theil, Göttingen, in Vanderhoek und Ruprechtischen Verlage 1791.

Inhalt,

des ersten Theils von Wagemann.

Einleitung . . S. 1 — 6.

Erster Abschnitt.

Begrif der Industrie — Anwendung auf den Bauernstand . S. 7 — 15

Rechtfertigung des Haupt-Gegenstandes 16—25.

Zwenter Abschnitt.

Idee zur Beurtheilung des Bauern-Charakters, mit besonderer Rücksicht auf Industrie.

   a) Der Bauern-Charakter ist der Beobachtung werth . . 26 — 29.

   b) Wird gebildet

2) Durch

1) Durch physische Ursachen, zum Beyspiel durch Clima, Lage und Boden des Orts, der Wohnung, durch Lebens-Mittel und Lebens-Ordnung • • 30 — 46.

2) Durch gemischte Ursachen — Nachbarschaft an Flüssen, Heerstrassen und Städten 41 — 52.

3) Durch moralische Ursachen — Religion, Erziehung • • 53 — 69.

4) Durch politische Ursachen.

a) Allgemeine Betrachtung über das Verhältniß des Bauern-Standes zu den übrigen Ständen, und die Wirkung davon auf den Charakter des Bauers • • 70 — 76.

b) Specielle Angabe einiger politischen Ursachen, die den Bauern-Charakter modificiren — Art des Besitzes der Grund-Stücke — Abgaben — Frohnen — Soldaten-Stand 77 — 118.

Dritter Abschnitt.

Angabe der Zwecke, auf welche bey der Bildung der Bauern zur Industrie hinzuarbeiten ist,

M 5 a) Zwe-

a) Zwecke der Industrie des männlichen Geschlechts im Bauern-Stande, S. 119 und folgende.

 1) Ackerbau   • • 121 — 147.

 2) Gartenbau und Baumzucht 148 — 153.

 3) Viehzucht • • 154 — 163.

 4) Zeit-Oekonomie • 163 — 175.

 5) Bienenzucht   • 175 — 177.

 6) Kaufmännische Behandlung der Wirthschaft
        177 — 180.

b) Zwecke der Industrie des weiblichen Geschlechts 180 und folgende

 1) Antheil der Hausfrau an der producirenden Wirthschaft • 182 — 190.

 2) Industriöse Benutzung der durch gemeinschaftlichen Fleiß erarbeiteten Produkte
        190 — 203.

 3) Kinder-Erziehung • 203 — 206.

Vierter Abschnitt.

Mittel der Bildung des Bauern-Standes zur Industrie 207 und folgende

        a) Me-

a) Medicinische Policey der Dörfer 208 — 228.

b) Vorsichtige Bestimmung des Gesichts-Kreises der Bauern.

   1) Landschulen   228 — 274.

   2) Belehrung der Alten   274 — 281.

c) Sorge für die Anwendung der Kräfte des Bauers 281.

   1) Man muß den Bauer so setzen, daß er seine Kräfte gebrauchen kann   282 — 288.

   2) Ihn aufmuntern, daß er sie zwekmäßig gebraucht   288 — 297.

   3) Dafür sorgen, daß er nicht ermüdet   297 — 303.

d) Vertheilung der Geschäfte für Landes-Industrie   303 — 347.

Fünfter Abschnitt.

Kurze Angabe einiger Vortheile welche aus der Industrie des Bauern-Standes entstehen   348 — 364.

Zum

Zum Beschluß dieser Schrift erinnere ich, sagt Arnold Wagemann, meine Leser nochmals an den Zweck, den ich bey der Verfertigung derselben hatte. Es ist der: die Männer, welche durch ihr Herz bestimmt, und durch ihre Lage begünstigt sind, etwas zum Wohl des zahlreichsten Standes im Staat beytragen zu können, aufmerksam darauf zu machen, was für den Bauern-Stand sich noch mit Grunde wünschen läßt, und wie ich glaube, daß geholfen werden könne. Denn ohne zusammenwürken vieler Personen aus allen Ständen kann nie etwas Ganzes in dieser Absicht zu Stande kommen, so wie eben durch die Theilnahme vieler guter Menschen an einer so wichtigen und wohlthätigen Unternehmung dem Trägen selbst Schnellkraft gegeben wird, und dem Egoisten selbst Handlungen abgedrungen werden, die in ihren Wirkungen sehr gemeinnützig sind.

Er bestimmt aber bäurische Industrie so: sie sey die Verwendung der Zeit und Kräfte des Bauers nach dem Gesetze der Sparsamkeit, zur Erreichung des häuslichen Wohlstandes, der ihm die Erfüllung der Pflicht gegen den Staat möglich und leicht macht, und seinen Lebensgenuß erhöhet.

Die

Die Industrie-Bildung der Landleute soll Belehrung und thätige Angewöhnung zu dieser Kraft- und Zeit-Oekonomie seyn. Sie hat also den Zweck, die Kinder von früher Jugend an, dazu zu gewöhnen, daß sie über die Gegenstände, welche ihnen zur Beobachtung vorkommen, so weit sie Bezug auf ihre Geschäfte haben, richtig urtheilen, und ihr Verfahren mit denselben, auf dieses bestimmte Urtheil gründen; denn ohne solche deutliche Begriffe vom Gegenstand und Zweck, würde man sie nicht dahin leiten können, daß sie besser, leichter und schöner arbeiteten, als die, welche vor ihnen eben das Geschäft mechanisch betrieben.

Endlich unter den Mitteln die sich in Vorschlag bringen lassen, um den Zug aus dem Character des Volks zu verwischen, nach welchem wie man mit Recht oder Unrecht behauptet, das teutsche Volk vor anderen, öffentliche Anlagen, Gebäude, Kunst-Werke, Pflanzungen u. s. w. so oft beschädiget und ausrottet; weis ich neben den positiven Strafen, keines was sicherer würken müßte, als Erziehung zur Industrie.

Aus diesem allen sieht man schon, wie Herr Prediger Wagemann gründlich zu Werke gehet, und

Schritt

Schritt für Schritt die wahre Aufklärung des Bauers von der falschen unterschieden werden kann und soll.

Das Werk empfiehlt sich also durch seinen Inhalt, und verdient überal gelesen zu werden, wo man dauerhafte Ruhe und Genügsamkeit des Bauernstandes zu befördern wünscht.

Und ich, edler Mann, gebe Ihnen mein Ehrenwort, daß ich alle meine Bemerkungen, Erfahrungen, Beobachtungen, Thatsachen und gute Vorschläge Ihnen ganz mittheilen werde, damit diese Bildung zur Industrie allgemeinen Nutzen schaffen, und Betriebsamkeit, Ruhe, Zufriedenheit und Glück, unter den Menschen immer mehr zunehmen möge.

Haupt-

Hauptgegenstände dieser gesammelten Nachrichten werden in Zukunft seyn.

1) Alle neuern Anstalten, die Jugend von Kindesbeinen an zwekmäßig, in Hinsicht auf ihre künftigen nächsten Bedürfnisse stets zu beschäftigen.
2) Neu erfundene, überall leicht zu verschaffende Producte zu diesen Anstalten.
3) Ihre Sammlung, Reinigung und Appretur zu neuen Gewerben.
4) Die in Europa, im Kleinen und Großen damit gemachten Versuche, Erfahrungen und Beobachtungen.
5) Anzeige der noch nicht so allgemein bekannten errichteten Manufakturen und Fabriken in Europa.
6) Die wirksamsten Mittel zur Beförderung des Fleißes, der Nationalindustrie und Betriebsamkeit.
7) Vorschläge das Volk zufrieden zu machen, seine Sitten zu bessern, und thätige Religion besser empor zu bringen.
8) Alle inländische Pflanzen, welche statt Seide, Wolle, Haaren, Eiderdunen, Federn und Pflaumen dienen.
9) Alle

9) Alle inländische teutsche Pflanzen-Gewächse, welche brauchbares Oel und gesunden Haarpuder liefern.
10) Alle inländischen Produkte die man nützlich als Farbmaterialien gebrauchen kann.
11) Alle inländischen statt Flachs, Hanf und Werg spinnbare Pflanzen-Gewächse, welche noch nicht gemeinnützig gemacht sind.
12) Neue inländische Produkte, welche statt Haderlumpen zu Papier und Pappendeckel, und statt Stroh in Matratzen tauglich sind.

Jedes viertel Jahr kommt ein Band von 12 — 24 Bogen zum Vorschein; jeder Bogen kostet 3 Kr. In jedem Heft wird künftig ein zu dergleichen Anstalten und Schulen zweckmäsiges Lied vor 2 Kr., die Abbildung einer passenden Maschine vor 4 Kr., eine illuminirte Pflanze vor 6 Kr., oder ein sonst dienliches Produkt in Kupfer gestochen beygefügt werden.